创新时代

盖玉云◎著

THE ERA OF INNOVATION

中国财富出版社

图书在版编目（CIP）数据

创新时代／盖玉云著．—北京：中国财富出版社，2018.8

ISBN 978－7－5047－6742－4

Ⅰ．①创…　Ⅱ．①盖…　Ⅲ．①创新管理　Ⅳ．①F273.1

中国版本图书馆CIP数据核字（2018）第169977号

策划编辑　宋宪玲　　**责任编辑**　齐惠民　郭逸亭

责任印制　梁　凡　　**责任校对**　孙会香　张营营　　**责任发行**　张红燕

出版发行　中国财富出版社

社　　址　北京市丰台区南四环西路188号5区20楼　　**邮政编码**　100070

电　　话　010－52227588转2048/2028（发行部）　010－52227588转321（总编室）

010－68589540（读者服务部）　010－52227588转305（质检部）

网　　址　http://www.cfpress.com.cn

经　　销　新华书店

印　　刷　北京京都六环印刷厂

书　　号　ISBN 978－7－5047－6742－4/F·2914

开　　本　710mm×1000mm　1/16　　**版　　次**　2018年9月第1版

印　　张　15.5　　**印　　次**　2018年9月第1次印刷

字　　数　238千字　　**定　　价**　58.00元

自　序

唯创新，方强大

人类文明从形成到现在，有记载的时间已有几千年了。回顾整个人类文明的演进史，其实并不复杂。在公元1500年以前，人类的进步可谓是步履蹒跚，而在公元1500年以后特别是在最近的三百年发生了一日千里的骤变。那么，是什么影响了人类文明进步的节奏？有人认为是大航海时代和工业革命。这个观点没有错，但我认为能够影响人类进步最根本的因素应该是创新！

从打磨石器到发明青铜器，从冶铁技术到蒸汽机，仔细观察，人类文明的每一次进步都是由创新推动的，每一次创新都是思维认知的进步。只不过是在近几百年的时间内，创新思想发生了裂变式的进步，加快了人类文明进步的脚步。可以说，人类的发展史，就是一部不断创新的历史。

文明的进步是从常态到非常态，进而形成新常态的过程。创新是文明发展的动力，是推动着人类文明前进的车轮。谁创新快、创新力强，谁就能掌控人类进步的方向。因此，各个民族和国家都把“创新”视为发展的强大利器。

中华民族的智慧一直影响着人类文明的进步，虽然在近代历史上历经磨难，但是，自强不息的中华民族在中国共产党的领导下励精图治几十年，再次成为令世界瞩目的焦点。如今中国经济的崛起，不仅仅令我们充满自信，未来学家约翰·奈斯比特也坚定地相信“中国模式将以令人难以置信的力量影响整个世界”。

纵观世界，没有任何一个国家的发展进程像中国这样快。以政府为主体的一系列体制改革为创新注入了不竭动力，再次唤醒了中华民族的内在智慧。经过40年的实践，自主创新成为当今国家的发展战略，而创新驱动的发展路线在未来将发挥重大的作用。

改革开放40年来，中国发展的最大成就，就是在制度层面走出了一条具有中国特色的社会主义道路，探索出了一套后来居上的方法，这样的道路和方法也是人类历史上独一无二的。坚持走中国特色的自主创新道路，实施创新驱动发展战略，这是我们党放眼世界、立足全局、面向未来所作出的重大决策，牵动着现代文明的未来走向。

未来，人类进步的节奏会越来越快。新常态下，唯创新者进，唯创新者强。实施创新发展，技术创新是基础。一切创新从科学技术开始，反映到社会、军事、政治以及经济各个方面，沉淀出各个不同主体的运作形式。

制度创新的主体是政府

社会创新已经成为全球社会发展的热点，各国政府纷纷将其确定为公共治理变革的重要内容，大力推动社会创新。社会进步不仅仅来源于技术创新，与技术创新相应的制度创新同样不可或缺。政府要不断地推出新的制度产品，营造良好的社会环境推动社会进步。四十年来的改革开放就是中国政府制度创新的伟大实践。

军事创新的主体是军队

随着我国军事领域各项变革的发生，必然要在军事思想、军事战略和技术装备上进行全面创新，如打破原有大军区体制下的思维、创建新的制度和程序等。战场的残酷，容不下假创新、伪创新，所以创新的水准决定了你的胜败。

建设创新型人民军队是立足国情军情而作出的一项重大决策。一系列的军事创新要建立在以军队为主体的创新体制上，不可忽略广大官兵中蕴藏的集体智慧。随着我军职业化发展，相信会有一大批常年献身军营、热爱军事的官兵致力于军队创新，不断提供箴言良策，他们将成为军事创新的不竭源泉。

市场创新的主体是企业

市场经济的主体是企业，企业应该成为创新决策、研发投入、成果转化的主体。企业创新的目的就是盈利和生存发展，以市场需求为基本出发点，不赚钱的创新都是伪创新，要通过技术差和模式的创新来赢得利润空间。强化企业的市场创新主体地位，市场中将会出现越来越多的创新活动。实践证明，市场导向的创新活动比技术导向的创新活动更有效率。

人才是创新的核心驱动力

当今的世界正处于新一轮的大变局时期，新的世界格局正在形成。主要力量的来源在于创新资源的整合、创新能量的集聚、创新力量的爆发。在世界大格局中各国的发展犹如逆水行舟，不进则退。如果大清王朝能够深切地领悟到这一点，就不会陷入被动挨打的局面，更不会有龚自珍“我劝天公重抖擞，不拘一格降人才”这般强烈的感叹。由此可见，创新是第一动力，人才是第一资源。当下的我们比历史上任何时期都更加渴求人才。只有发掘人才、培育人才、引进人才和聚合人才，才能有所发展和进步。

回顾历史，人类经过了原始文明、农业文明、工业文明以及现代文明等阶段。有人认为中国对世界文明毫无贡献，这种说法是不客观的。我认为恰恰相反，在近代以前，中国一直都是对世界文明贡献最大的国家，并且是具有原创性的国家。不仅在宋、元、明时期创造了近代创新的必要因素，也在参与并创造着现代文明，塑造着现代社会的面貌。

发明有先后，创新无止境。从飞鸽传书到互联网，从以马代步到超音速高铁，技术创新为人类文明的发展提供了基础条件。我们发明了指南针，欧洲人用它发现了新大陆，加速了世界经济的发展。欧洲人提出了高铁，却由中国推向世界。科技的传递是接力的，这样的接力也是中国对现代文明的贡献。

现代科技创造现代文明，科技创新的源头是思想。真正的现代文明才刚刚开始，创新科技将继续引导人类文明的发展方向。未来的时代是创新者的时代，也将是中华民族再次强大的时代。上一次我们向世界输出丝绸、茶叶和陶瓷，而这一次我们要向世界输出创新的思想、创新的文化、创新的技术。

新时代，无创新不强大，无创新不伟大。

创新路上，让我们一起同行!

盖玉云

公元二零一八年八月于北京海淀区西二旗后场村

目录 Contents

chapter one

第一章 创新之路

导语：回望历史，可以说，人类文明史就是人类创新活动的历史。创新是一个民族发展的灵魂，一个国家只有拥有强大的自主创新能力，才能在未来激烈的国际竞争中赢得主动。人类历史曲线上的每次拐点，归根结底是创新在推动。

第一节　创新文明的序幕

人类有文字确切记载的文明不过三四千年的时间，整个人类社会在这段时间的进程变迁，就是人类生产力水平提升的过程。这段历史既是漫长的，也是短暂的。说它短暂，是因为经过之前的积累，今天人类才刚刚站在现代文明的起始点。

直到第一次工业革命前，“言传身教”的信息交互方式还是人类文明传承的主流方式。到工业革命后，信息开始爆炸，人类的发展开始加速。一个多世纪以来，在发明与创新方面，美国一路遥遥领先。

在亚太地区，过去的几十年里，日本、韩国、新加坡和中国台湾也取得了成功。这些国家和地区受制于自身资源的有限，通过技术引进和模仿，追赶到一定阶段后，为了维持外向型经济和应对全球竞争，或主动、或被动地走上了自主创新的道路。这种创新大到汽车、船舶，小到铆钉、芯片，收获了创新带来的高附加值部分，跨越了中等收入陷阱，进入高收入行列。正是在制造业和高科技领域的坚持创新，这些国家和地区才在制造业峰值期，实现了汽车、船舶、半导体、医药等高附加值行业的全球领先。

过去一百年，科技让人类学会探索外部世界，企业家和科学家两个群体的崛起，使社会进步，实现了超乎寻常的发展。企业家是社会经济学中的科学家，科学家是研究领域里面的企业家；科学家如果没有企业家的帮助，那他会变成市场经济中的瞎子，企业家如果没有科学家的帮助，那他会变成研究领域里的瘸子。科学家和企业家的共同点是创新，创新精神成就了企业家和科学家。企业家和科学家都相信未来，他们努力用创新让梦想变成现实。

1987 年，那时我还在部队里。在一次小范围的战略研究会议中，“中国导弹之父”钱学森预断：“下个世纪的中国，人民解放军有一百万人就足够了（当时我们军队的规模是四百万人）。未来的发展不再是你们的（暗指军队）舞台，而是具有创新精神的企业家的舞台。”他的眼神充满坚定。

钱老的一番话在当时可称得上是石破天惊，对我影响极大，他的教诲深刻影响了我的职业生涯。

今天是企业家和科学家最好的时代，技术革命的机遇，中国对全世界的担当，决定了当今是企业家和科学家最有作为的时代，但企业家和科学家必须完美结合。当今世界，和平发展、开放合作、创新变革的潮流滚滚向前，希望与挑战并存，习近平总书记将之称为“百年未有之大变局”。2018 年 5 月 28 日，在中国科学院、中国工程院的两院院士大会开幕式上，习近平总书记指出：“矢志不移自主创新，坚定创新信心，着力增强自主创新能力。只有自信的国家和民族，才能在通往未来的道路上行稳致远。树高叶茂，系于根深。自力更生是中华民族自立于世界民族之林的奋斗基点，自主创新是我们攀登世界科技高峰的必由之路……我国广大科技工作者要有强烈的创新信心和决心，既不妄自菲薄，也不妄自尊大，勇于攻坚克难、追求卓越、赢得胜利，积极抢占科技竞争和未来发展制高点。”

站在全球的视角看，中国的经济结构，无论是农业、工业还是新兴科技，都还没有进入高附加值阶段，在全球产业链中仍长期处于中低端，这一切都需要所有中国人改变思维，实现创新驱动。无论是中国还是世界，都正在迎来一个不一样的创新时代。

从创新带来的影响力上来区分，历史上的创新主要分为两类，一类是根基创新，另一类是后续创新。根基创新最重要，但后续创新也不可或缺。在历史上，根基创新的发明人往往名留青史，后续创新的创造者则获得最大利益。

如中国古代的四大发明就属于根基创新。它们的产生需要一定的运气，更需要对世间万物的好奇心、对自然现象的敏锐观察和捕捉，及对其背后原因寻根问底的执着。根基创新需要扎扎实实的原创，它往往来自基础科学和自然科学。根基创新是许多后续创新的基础，对根基创新的开发和产业化过程中的创新，则需要合适的“土壤”。

欧洲在中国四大发明基础上的改进就属于后续创新。火药传到欧洲以后，欧洲人将火药和一些技术相结合，制造出了更耐用、更有杀伤力的枪炮。一般来说，后续创新有三种形式：一是外来的新技术与原有的地方性技术相结合；二是外来的新技术与其他领域的技术相结合；三是技术和创新的叠加、整合，迅速产生更强大的竞争优势。

一项重大的发明，从灵感到实践，从科研到技术，从想法到产品，从一个偶然的发现到能够广泛造福于人类的应用，是一个千锤百炼的过程。在这一过程中，需要的不只是一个创新，而是几十个，甚至几百个创新，这些创新包括技术上的新突破、艺术上的新创意、市场上的新产品、商业上的新模式等。在历史上，科学发现、技术、产品、应用，这几个阶段不是简单的单向线性过程，而是交织在一起的，是一个反复循环、互相促进的动态演化历程。

如果把整个世界看成是一个大的创新生态系统，创新树也许生根在一些国家，但在另一些国家才能枝繁叶茂，甚至在一些区域，几个创新树枝干相交，连成了创新网络。

我们应该正视的是，在原创性、前沿性的科学创新上，美国仍然完全领先中国。在中国科学院发布的《2017 研究前沿》报告中，遴选出自然科学和社会科学中的 143 个热点前沿和新兴前沿。在这份报告中我们发现，在引领未来的前沿研究上，美国领跑 87 个，呈现出压倒性优势。在十大学科领域中，美国有 8 个领域排名世界第一，分别是：农业、植物学和动物学领域，生态与环境科学领域，地球科学领域，临床医学领域，生物科学领域，物理学领域，天文学与天体物理学领域，经济学、心理学及其他社会科学领域。

中国正在改善创新创业的环境，创新的链条正在趋于完善，如在生物科技及医药创新领域，国家改革力度之大前所未有。除了政策的导向外，科学与资本的融合已成为趋势。数年前，科学家与企业家和风险投资家之间的界限泾渭分明，如今这几个领域的人悄然走到了一起，不同领域开始融合交汇并相互合作，科技创新正迎来历史发展的良机。

时代巨轮滚滚向前，中国正迎来创新的时代。

第二节　创新驱动历史

我们站在今天的历史坐标回望，可以说，人类文明史就是人类创新活动的历史。创新是一个民族发展的灵魂，一个国家只有拥有强大的自主创新能力，才能在未来激烈的国际竞争中赢得主动。

人类从一千多万年前的古猿进化而来，人类的文明历史只不过在其中占非常短的时间。目前已知的人类文明历史起源于大约一万年前，人类之所以与地球其他物种相区别，正是因为人有创造力，人类经过不断地创新，才创造了无与伦比的辉煌文明，同时，人也在劳动中创造了人类自身。

人类历史的每一次拐点，无不是创新在推动。假如我们将目光转向 18 世纪，以此为分水岭，人类历史则展现出两种完全不同的轨迹。18 世纪 60 年代在英国发起的工业革命（第一次工业革命），使人类文明进入一个全新的发展阶段，从此人类把工业革命之后的社会称为现代社会。

工业革命是技术发展史上的一次巨大革命，蒸汽机的使用是最重要的创新，这一伟大的创新开创了以机器代替手工劳动的时代，使人类从此进入工业时代。蒸汽机的使用大幅提高了生产力，巩固了资本主义各国的统治，并促进了现代城市的兴起。率先完成了工业革命的英国，很快成为世界霸主，迫使东方从属于西方，并在客观上传播了先进的生产技术和生产方式，猛烈冲击了世界的旧思想和旧制度。工业革命大大密切了世界各地之间的联系，改变了世界的面貌，最终确立了资产阶级对世界的统治。

工业革命后，人类进入了现代社会，民族国家开始兴起。世界各个民族都形成了自己的民族国家。个人脱离了宗族、村社、庄园，在民族国家的构建下，每一个人直接面对国家，向国家缴税，从国家接受福利与安全保障。所以说，工业革命的创新，不仅是一次技术创新，更是一场深刻的社会变革。

今天，即将到来的第四次工业革命，使人类正处于一场彻底的全面创新的起点。必须承认，以蒸汽技术发明为基础的第一次工业革命，以电力为基础的第二次工业革命和以计算机技术为基础的第三次工业革命，都给人类的经济、社会等方面带来了翻天覆地的变化，前三次工业革命解放的是人类的体力，第四次工业革命解放的将是人类的脑力。

与前三次工业革命相比，未来的科技革命主要有三个特点。

第一，发展速度呈指数级增长，并不断催生更强大的新技术。

第二，广度和深度不断扩大，不仅改变人们所做的事情和做事方法，还将改变人类自身。

第三，系统性影响越来越深远，是场涉及国家、行业、公司以及整个社会所有体系的变革。

未来科技革命中的创新，包括可植入技术、万物互联、智慧城市、人工智能、区块链、3D 打印技术，甚至包括人类定制和神经技术的应用。不管是中国制造 2025，德国工业 4.0，还是美国智能制造，都昭示着新的科技创新革命的序幕已经拉开。如何适应这场革命，如何驾驭这场革命，是一个值得每个人思索的问题。

在人类历史上，军事领域是最具创新活力、最需创新精神的领域，也是竞争和对抗最为激烈的领域。一支军队唯有勇于创新，方能赢得制胜先机，持续创新是古今中外建设强大军队的历史铁律。

成吉思汗率领的蒙古军队，在冷兵器时代强大到无以复加，原因何在？其实这支军队在武器制造方面没有什么重大创新，但他们对武器的使用方法作了重要的创新。

我们知道，蒙古军队主要作战力量是骑兵。其中30%～40%是冲击型的重骑兵，以长矛为主要武器；60%～70%是射击型轻骑兵，以弓箭为主要武器。在作战的时候，蒙古军队的主要战术是轻骑兵利用自己机动性高的优势，率先对敌军阵型的侧翼进行密集袭扰，迫使对方退却或进攻，打破敌军的阵型，等到敌军阵型开始松散出现破绽之时，重骑兵开始集团冲锋，一举击溃对手。

显然，这种轻重骑兵结合的军队非常强大，他的重骑兵迫使对方以密集阵型防冲击，但密集阵型又给轻骑兵提供了最好的攻击靶子，为了降低蒙古轻骑兵弓箭的命中率，敌军又被迫分散队形，这又给了蒙古重骑兵冲击的机会。因为武器使用上的创新，蒙古铁骑靠不同骑兵的功能组合，在当时打败了众多的对手，创造出一时无两的巨大帝国。

到了第二次世界大战期间，各国的战略、战术和战法有了巨大的创新与变化。曼施坦因等人将第二次世界大战时期的坦克进攻战理论创新为闪击战理论。以德国海军军官邓尼茨为首，利用潜艇创新出海上狼群的理论及战法，使德国海军实现了以小博大，在大西洋上给以英国为首的盟国海军以重创。

在此期间，中国的游击战争理论也对世界战争理论作出了杰出贡献，成为毛泽东军事思想的重要内容，并由毛泽东总结为“敌进我退，敌驻我扰，敌疲我打，敌退我追”十六字诀。

游击战争理论是在作战实践中逐渐形成的，十六字诀也由毛泽东在《中国革命战争的战略问题》一文中明确提出。中国革命武装力量凭借这一精彩的军事理论创新，创造了战争史上的奇观。在艰苦卓绝的抗战中，中国共产党领导的军队创造了许多灵活巧妙的独特战法，把日本侵略者打得晕头转向、顾此失彼。

中国共产党领导的人民战争，也是一种军事上的创新。中国共产党倡导并贯彻了广泛发动群众、实行人民战争的全面抗战路线。在战术上，你打你的，我打我的，阵地战、运动战、游击战结合起来。邓小平明确指出："我们是三结合的武装力量体制，野战军、地方军和民兵相结合，就是人民战争。"正是依靠民兵、地方武装、野战军三结合，中国人民才战胜了强大的敌人。

毛泽东的另一伟大军事著作《论持久战》，摒弃了教条主义，是对《孙子兵法》、克劳塞维茨《战争论》的传承与创新，是对人民战争思想的发展，是对国民党持久抗战理论的超越。毛泽东在《论持久战》中所阐明的战争指导原则和战略战术，对于指导未来高技术条件下的人民战争，仍有着重大的现实意义。

对于中国人民军队来说，一部中国人民军队发展史更是一部创新史。从土地革命战争时期创立"党指挥枪"等一整套建军原则制度，到抗战时期实行精兵简政；从新中国成立后多次调整体制编制，到改革开放新时期百万大裁军……在党的领导下，中国人民军队从小到大、从弱到强、从胜利走向胜利，创新的步伐从未停歇。

第三节　思想大创新的轴心时代

以公元前 500 年为中心，从公元前 800 年到公元前 200 年，德国思想家雅斯贝尔斯将这一时期称为轴心时代。在这一时代，人类文明的精神基础同时在中国、印度、波斯、巴勒斯坦和希腊开始独立形成，这一时期的思想创新带有深刻的原创性。直到今天，人类仍然附着在这种精神之上，我们可以说，这一黄金时代的思想创新催生了人类文明的基础。

在这一黄金时代，各种文明都出现了伟大的精神导师——古希腊有苏格拉底、柏拉图、亚里士多德，以色列有犹太教的先知们，古印度有释迦牟尼，中国有孔子、老子……他们提出的思想原则塑造了不同的文化传统，也一直影响着人类的生活。

众所周知，轴心时代不论在中国、印度，还是西方都有着多方面的思想发展。就以中国春秋战国时期而论，在儒家以外，还有诸子百家。这些流派的思想内容虽各有不同，但都有足够的思想创新的深度。轴心时代其实是思想的拐点，是人类在思想上的创新与突破时期。这些不同文明里的圣人们，凭借思想的创新，实现了人类文明精神的重大突破，对前轴心时代的文明进行了超越。

在“前轴心时代”，主导思想文明的是帝王、国王、神话英雄或“王官”。例如，中国的典籍《尚书》中，保存的典、谟、训、诰、誓、命等历史文献，大都是训下和告上之词，无外乎敬天法祖和讨伐逆命。在希腊《荷马史诗》所反映的参政院和公民大会上，主导思想的则是国王、长者和神话中的英雄。与会者没有自己的思想创见。到了“轴心时代”，情况发生很大转变，一批卓越的思想家登上历史的舞台，他们有学问、有智慧、有真知灼见，他们的思想创新打破了帝王、国王对思想的垄断，树立起思想与文化的权威，这对于人类文明的发展具有深远的积极意义。

我们来了解一下印度教的历史，看看佛教的创始人释迦牟尼，是如何对印度原有的思想体系进行创新的。

公元前16世纪，雅利安人进入印度，印度本土开始出现了自己的古老文明。就像其他原始部落对自然山川的敬畏与崇拜，雅利安人为了保障自己的生存，也必须膜拜、礼赞、歌颂一切自然神，且将赞歌编为圣典相互传颂。到了后期，与人们生活关系较为密切的神受到最多的崇拜，雅利安人便由“多神信仰”逐渐转向“主神信仰”的模式。

为了与神沟通，祭祀便成为一件大事，司祭者拥有无上权威，能为自己或他人祭祀，也能教授圣典。于是，在阶级制度严格划分的社会里，司祭者被尊为最高阶级的婆罗门，他们依着“祭祀万能”的神圣职权，创造了神权色彩浓厚的婆罗门思想。

婆罗门教主张：“梵”是宇宙现象的本体，人的生命现象为“我”，宇宙万物皆因“我”而生，故梵我本来不二，凡人不解此理，只好受轮回之苦，唯有体证梵我合一，才能得到解脱。此思想弥漫在印度社会。

印度教是从婆罗门教发展而来的。释迦牟尼在未出家以前曾是婆罗门教的遵行者，他对婆罗门教有深入的学习和领会。然而释迦牟尼并非毫无选择地全盘接受，而是以创新的态度，通过个人的修证体验，对于婆罗门教的主张，提出了很多创新的看法。例如：印度教说有“我”，佛教则说“无我”；印度教说“梵”为宇宙之体，佛教则认为诸法因缘生灭的本体是空；印度教严格区分阶级制度，佛教则提倡一切众生平等；后期印度教的派别中出现苦行或乐行的修持，佛教则主张“中道”为修行原则等。

总之，印度教更适合统治社会，佛教更像哲学思考；印度教以吠陀天启、祭祀万能、婆罗门至上为三大纲领，夹带着浓厚的神权色彩，佛教却否认印度教原有的万能之说，主张四姓平等，人人皆有佛性，着重实际的修持与体证。因此，在阿育王及迦腻色迦王时期，佛教成为印度的主要宗教。

除了释迦牟尼，其他黄金时代的圣人们也都对本土的思想文化，进行了不断地创新，这个时期的思想创新所具有的能量，蕴藏着丰富的资源，圣贤们用理智的方法、道德的方式来面对世界，不但产生了宗教，还实现了对原始文化的超越和突破。这种创新与突破的不同方式，决定了今天世界各地不同的文化形态。

第四节　政治经济学里的创新

思想可以创新，劳动工具、劳动技术同样可以创新，就连一个社会的时间体系，也需要通过创新来确立。我们回望夏、商、周，回望春秋战国时期，都能看到创新与生产力、生产关系变化的联系。

一个社会的生产力发展是从生产工具的改革、耕作技术的进步开始的。在春秋战国时期，生产工具和生产技术有了显著的进步，尤其是铁犁牛耕的使用，使社会生产力迅速发展。

中国的冶铁技术较其他几个文明古国要晚，两河流域早在四千年前就开始“块炼铁”，古希腊在公元前 16 世纪至公元前 12 世纪就从西亚地区学会了制作铁器，印度人开始用铁是在公元前 9 世纪至公元前 8 世纪，而中国的铁器时代，则开始于春秋时期，即公元前 8 世纪以后。尽管中国冶铁技术起步晚，却进步神速，仅在二三百年间，冶铁技术就发展到了欧洲 14 世纪才具有的水平。

铸铁与人们的生活息息相关。衣食住行所需的很多工具、器具都是用铁制造的，炊具当中最常用的铁锅即是一例。中国的冶铁技术虽然起步晚，但因有商周时期青铜冶炼技术的传承，冶铁技术发展非常快。春秋战国时期中国的农业生产工具之所以能够取得进步，是由于冶铁技术的两个重大发明，即铸铁冶炼技术和铸铁柔化技术。正是由于这两个重大发明，铁农具很快大规模地用于农业，促使了农业生产技术的突飞猛进，生产量有了很大的提高。

生产力决定生产关系，有什么样的生产力就要求有什么样的生产关系与其相适应。当生产关系不适应生产力发展时，就要求改变旧的生产关系，建立新的、适应生产力发展的生产关系。

曾有人将铸铁技术称为中国的第五大发明，因为这项技术不断地推动了整个人类文明的发展。在春秋战国时期，铁制农具出现并得到大规模的应用。我们知道，铁犁在春秋战国时期是一种先进农具，与之相伴而生的一项先进技术就是用牛代替人来拉犁——牛耕技术得到普及。人们将拉车的牛用在农业生产上来拉犁是一种创新、创造，是农业动力的革命，使农业劳动力得到解放。

铁犁与牛耕的使用，迅速使私田出现，这导致了井田制的瓦解，封建制度逐步在各国确立。

铁犁与牛耕技术使个体的、分散的劳动成为可能。一些奴隶主贵族的远亲、远宗和平民，因为缺少土地或失去土地，不得不向耕地以外的山林湖泊去寻求生计——开垦私田。耕种公田需向国家缴纳一定的赋税，负担一定的徭役，而耕种私田却不用交税，至少初期是这样。所以，随着荒地的大量开垦，私田数量不断增加，收获量也不断增加。

私田可随地形由人自由选择，而且还可以任意买卖，是真正的私有财产。在私田的发展过程中，不少诸侯和卿大夫扩充了自己的土地和财富，这使剥削阶层出现，原来的井田制瓦解。随着封建剥削方式的出现，地主和农民阶级逐渐形成。随着地主阶级的不断发展壮大，他们为了保障自己的经济权益，要求取得政治地位，用地主阶级专政代替奴隶主贵族统治。商鞅等一些改革家代表地主阶级的利益，进行了变法活动，确立了封建制度，促进了社会生产力的更快发展。生产力的发展促进了生产关系的变革。

在春秋战国时期国与国的竞争中，从“商鞅变法”到各国变法的过程中，封建社会制度开始确立。在这个过程中，经济发展较快，在农业方面出现了古代水利工程“都江堰”和“郑国渠”，手工业和商业也得到了发展，出现了集政治、经济、文化于一体的许多封建城市。

冶铁技术这小小的创新，竟促使了封建社会的确立。在人类历史上，每一次的创新无一不具有精彩的故事。

再比如中国古人对时间体系的确立。黄河中下游地区的人们因为实行了这套历法体系，使黄河中下游的文明成为华夏文明的代表。历法包括对日、月、年的明确定义，一天和一个月都比较好定义，难点在于一年，也就是四季变化的周期。

我们现在所说的农历，可能叫夏历应该更准确一点，夏指的就是夏朝，夏历就是夏朝始创的历法的意思。这套历法自夏朝传下来，又经汉武帝重新确立，到了民国时期，孙中山为了顺应世界潮流而采用了公历，所以政府在进行商业活动的时候，跟世界保持一致用公历，但是为了让农民更方便，也把夏历保存了下来。

夏朝距今约四千年，四千年前中国的情况目前没有太多的资料，我们只能依靠想象。比夏朝最少晚四百年的商代，使用的文字也只是甲骨文，就是刻在龟甲和兽骨上的符号文字，那么夏朝使用的文字、文具等肯定不会比商朝发达和先进。在这种条件下，居然能制定出这么一套完整的、科学的历法，非常了不起。

这套历法虽然定于夏，它的研究和探索肯定比夏更早，夏朝以前的环境与技术自然比夏还要差，可以想象，研究历法主要依靠观察天文现象与山川鸟兽，有些天文现象一年出现一次，有些天文现象可能几十年甚至几百年才出现一次，如果完整观察，需要观察多少年才能确定？

中国的先祖们经探索、发现、总结，最后创造出这么一套历法，起码得几百年或近千年，所以说，谈及中国人对人类历史的贡献，先民创立的这套历法系统应该是数第一的。有了这套历法系统，社会生产才有了可依循的规律，人们才能更方便地组织生产，生产力才能不断提高，这些都是古代的政治经济学中的创新之举。

第五节　中国古代的“黑科技”

冶铁技术、时间历法只是冰山一角，其实中国古代领先于同时期其他文明许多年的大型、中型、小型“黑科技”俯拾即是。例如音准极高的贾湖骨笛，巨大的能奏出七声音阶的青铜编钟，精准的天文观测，等等。中国历史上，有意思的“黑科技”确实不少。

春秋战国时期，主张“兼爱”“非攻”的墨家发明了很多军事黑科技。因为墨家是防守反击战术的忠实拥护者，经常帮助小国抵御强国进攻，就设计出包括连弩车、转射机、籍车在内的多种黑科技军事武器。

谈到黑科技武器，必须提一下宋代的“猛火油柜”，一种早期的火焰喷射器。

石油在五代时被称作猛火油，后晋李存勖曾两次使用石油来烧退后梁军的进攻，转败为胜。到了宋代，中国军事科学家发明了世界上最早的能连续喷火的火焰喷射器——猛火油柜，并装备于军队。据《武经总要》记载，猛火油柜以猛火油为燃料，用熟铜制成柜，柜有 4 脚，上有 4 个铜管，管上横置唧筒，与油柜相通。唧筒前部为内装引火药的“火楼”。使用时，烧红的烙锥点燃“火楼”中的引火药，然后用力抽拉唧筒，向油柜中空气施压，进而使猛火油从“火楼”喷出时燃成烈焰，以烧伤敌军及其装备。

猛火油柜在宋代是守城的利器，多置于城上。如果敌军来攻城，守军可以利用这一武器烧退敌军。在水战中，猛火油柜还可烧浮桥和战舰。后来还出现了一种小型喷火器具，用铜葫芦代替沉重的油柜，便于携带和移动，也用于守城战和水战。

除了战争，劳动生产中的黑科技更多。如科技著作《天工开物》中曾经记载了古人用其发明的氧气罩和潜水服下海捕捞珍珠的经历。

指南车、记里鼓车、龙骨水车、水磨、水碓、水排、耧车、绫机、投石机、擒纵器等，古代无法尽数的复杂机械家族，足以反映中华民族的创新能力。

以古代织造技术的最高成就——提花机来说，花本式提花机出现于东汉，又称花楼。它用线制花本贮存提花程序，再用衢线牵引经丝开口。花本是提花机上贮存纹样信息的一套程序，由代表经线的脚子线和代表纬线的耳子线根据纹样要求编织而成。上机时，脚子线与提升经线的纤线相连，此时，拉动耳子线一侧的脚子线就可以起到提升相关经线的作用。织造时上下两人配合，一人为挽花工，坐在三尺高的花楼上挽花提综，另一人踏杆引纬织造。提花机后经丝绸之路传入西方，对现代电子计算机发展中程序控制与存储技术的发明有启示作用。

除了以上这些创新，对开采来说，中国古代也有不凡的黑科技。

北宋庆历年间，一群四川人想从地下挖些东西，于是七八个人搭好脚手架，一下子挖下去上千米，然后挖出了水。据史料记载，挖出的地下水又苦又咸，留着晒干制盐正好。这就是后来闻名全球的“冲击式顿钻法”，开创了人类机械钻井技术的先河，国外掌握这门技术比中国至少要晚 750 年。这一深井钻凿技术，后来传到西方，有力地推动了世界钻井技术的发展。即便是现在，开采石油天然气仍然离不开它。

沿用至今的“冲击式顿钻法”，是运用一种大型绳氏深井钻探设备进行钻井，这种方法利用钻头自由下落的冲击，击碎岩石，使井不断加深。此工艺可钻达千米深的地下竖井，被古人形象地称作“卓筒井”法，这一方法被科技史学家李约瑟誉为“中国文化中最为壮观的应用”。“卓筒井”法到明代基本成熟，至清代臻于完善。在此发展过程中，人们改善了钻井和汲制技艺，还开发出了天然气，这种冲击式顿钻法的不断完善伴随着长期的工艺创新。

谈到黑科技，不得不提十进制。人类所使用的数制，以十进制为主，但这并不是唯一的数制。十进制之外，还有十二进制、十六进制、三十进制、六十进制等，中国古代至少在甲骨文中，已明确记载有十进制。到了今天，拉丁语中的五进制、法语中的二十进制、英语中的十二进制，甚至美索不达米亚的六十进制，都基本在历史长河中消失了，十进制成为现在的主要数制。

中国古代虽手握众多“黑科技”，但这并不代表从此基业常青。中国人用火药做爆竹，西方却拿着火药造出强杀伤力的武器，一个民族或者国家要领先，只有靠不断地创新才能实现。

第六节　根基创新——四大发明

早在文艺复兴时期，意大利数学家卡丹就高度赞誉了中国人发明的指南针、印刷术和火药。后来，培根、伏尔泰和马克思等思想家进一步指出这三项发明对世界历史进程的重要影响。

19 世纪下半叶，来华传教士艾约瑟将造纸术、印刷术、指南针和火药并列为中国的卓越发明。此后，“四大发明”成为了中华文明的标志，成为人类历史上的根基创新。其实，中国古代还有很多发明创造并不逊色于“四大发明”，如中国科学院自然史研究所历时三年编纂，向世界公布的一份“中国古代发明创造清单”，列出了天象记录、小孔成像、经脉学说、针灸、潮汐表等 88 项中国古代发明成果。

中国古代科技创造的出现，在时间上并不是均匀分布的。水稻栽培、粟作、琢玉等技术出现在史前，对中华文明的形成产生了至关重要的影响。先秦两汉是相当数量的重要科技发明的形成期，盛唐时期的科技创造不甚突出，宋代则拥有辉煌的创造发明。指南针、火药、活字印刷术，都是在宋朝完成的。在宋朝，指南针开始用于航海，印刷术得到了大幅度改良（比如毕昇的活字印刷术），火药开始用于军事，可以说宋朝是古代科技文化最发达的朝代之一。

仅以南宋来说，一般人印象中认为南宋偏安，国力较弱。其实，南宋除了陶瓷覆烧技术、农业圩田技术、引进高产优质稻、造船技术改进、指南针用于航海等创新外，还开辟了海上丝绸之路，对外贸易也为南宋带来了滚滚的财源。南宋的海外贸易发达，和南太平洋、中东、非洲、欧洲等地区 50 多个国家通商，南宋不但是一个技术创新的时代，还是一个经济创新的时代。

火药可能是某个炼丹术士或炼金术士意外发现的，目前普遍认为火药在唐代正式出现，并在宋代广泛应用于战争，宋代中后期火药火器已普遍用于野战和水战之中。宋代的火炮威力日增，操作也渐趋专业化，于是炮兵成为独立兵种，成为世界上第一支专业炮兵队伍。可以说，宋代开启了人类战争史从冷兵器过渡到冷兵器和火器并用的新时代。

毕昇发明的活字印刷术是人类历史上的一次伟大变革，第一次把印刷从整块雕版改为单字排版，大大提高了印刷效率，也提高了印刷效益。在毕昇的活字印刷术之前，雕版印刷不容许出错，否则很难修改，而活字印刷一旦发现错误，立即就可以重新校对排版，方便快捷。同时雕版印刷只能印一种书，如果书印够了，印刷板块就只能丢弃一旁，任其朽烂，而活字印刷可拆可解，每一个字都可以重复使用，避免了原料和人工的浪费。

活字印刷术对世界文化的传播、交流与发展起到了巨大的推动作用，这种技术最先传入朝鲜、日本，后向西传入阿拉伯，欧洲印刷术由德国人古登堡独立发明，大约比毕昇晚了数百年。

指南针发明的时间比较模糊，可以确定的是春秋战国时期人们已经开始利用磁石指向。后来，古人可以用人工磁化法制造指南针。宋代沈括的《梦溪笔谈》一书中还记载了指南针的四种装置方法。在宋代，海船已使用航海罗盘，熟练掌握了先进的航海导航技术。

造纸术的发明者是蔡伦，他在汉代植皮造纸的基础上加以改进，形成了比较实用廉价的纤维制纸法。在纸没有被发明的时候，古代各国人民曾经努力寻找各种方法来记录文字，以交流思想、传播知识。如古代苏美尔人在粘土泥板上刻写文字符号，古代埃及人利用尼罗河畔盛产的一种水草写字，古代印度人用白桦树皮和一种大叶棕榈树的树叶（贝叶）写字。中国古代最早是靠龟甲、兽骨、竹简等来记录事物的，造纸术大大加快了世界文明的发展速度，到了宋代，造纸技术达到成熟阶段，纸的用途也更加广泛。

中国的四大发明，曾经改写了世界的历史，它们是中国创新的标志。今天，中国正在进入一个新的“创新时代”。在一项由“一带一路”沿线20国青年参与的评选中，高铁、移动支付、共享单车和网购被称作中国“新四大发明”。曾以古代“四大发明”推动世界进步的中国，正再次以科技创新向世界展示自己的发展理念。

党的十八大以来，中央高度重视创新，特别是政府推动“大众创业、万众创新”的“双创”活动，中国形成了从“小众”到“大众”，人人皆可为“创客”的时代洪流，所有的创新活动都因为政府的大力推动、民众的热情参与而更具中国特色。实际上，“新四大发明”的出现，正是多种因素形成的一个合力，它不仅是科学技术的伟大创新，更是中国重视创新驱动的体现。

从基础建设到消费方式，从商业理念到经济业态，“新四大发明”折射出“中国式”创新的澎湃动能，中国正在进入一个伟大的创新时代。

第七节 欧洲“进化史”

在人类文明发展史上，18 世纪是一个历史转折点。在这个转折点，西方正进行一场旷古未有的深刻的社会变革。14 世纪的文艺复兴之花开始结出硕果，欧洲的种种创新呈现出天女散花般的美景——东风夜放花千树。18 世纪末叶以后，华夏文明日益感受到西方文明崛起所带来的压力。

在思想领域，以笛卡尔、培根等人的思想理论为基础，理性主义、启蒙运动风起云涌。霍布斯 1651 年出版了《利维坦》，洛克 1690 年出版了《人类理解论》和《政府论》，伏尔泰 1733 年出版了《哲学通信》，休谟 1739 年出版了《人性论》，孟德斯鸠 1748 年出版了《论法的精神》，爱尔维修 1758 年出版了《论精神》，卢梭 1762 年出版了《社会契约论》，霍尔巴赫 1770 年出版了《自然的体系》，狄德罗 1772 年出版了《百科全书》(28 卷)，亚当 · 斯密 1776 年出版了《国富论》，康德 1781 年出版了《纯粹理性批判》，孔多塞 1789 年出版了《人类精神进步史表纲要》……

在科学领域，以牛顿 1687 年出版的《自然哲学的数学原理》为代表，莱布尼兹、帕斯卡、费马、伽利略、开普勒、达尔文、赫兹、安培、巴斯德、法拉第等成百上千的科学家如雨后春笋般涌现出来，推动了近代科学的快速发展。

在工程领域，以瓦特发明蒸汽机为开端，以工业化生产方式为特征的纺纱机、织布机、铁轨、铁桥、汽船、蒸汽机车相继出现。煤炭业、冶炼业、机器制造业迅速发展，社会生产组织形式发生根本性变化，工业化和城市化进程持续加速，工业技术革命一旦产生，便势不可当，很快传遍整个西方世界。

在社会领域，1688 年英国发生了“光荣革命”，颁布了《权利法案》，建立了人类历史上第一个君主立宪制国家。1775 年美国独立战争爆发，随即发布了《独立宣言》，1791 年颁布了世界近代史上第一部成文宪法《人权法案》。1789 年法国大革命爆发，推翻了波旁王朝，颁布了《人权与公民权宣言》，诞生了法兰西共和国。整个西方的君主专制制度就像疾风中的秋叶，纷纷落下，飘落于历史的尘埃之中。

我们有必要以尊敬的态度，站在整个人类文明的角度，对西方的科技创新行注目礼：

1785 年，瓦特改良蒸汽机，第一次工业革命拉开序幕。

1789 年，拉瓦锡出版《化学概要》，计量化学诞生，为现代化学奠定基础。

1800 年，伏打电堆发明，为电磁学奠定基础。

1807 年，第一台蒸汽轮机诞生，世界正式进入蒸汽机时代。

1811 年，阿弗伽德罗提出分子学说，现代化学和统计物理有了基石。

1820 年，奥斯特发现电流能使磁针转动，是电磁学历史上最关键的发现。

1824 年，卡诺热机模型提出，成为现代热学发端。

1831 年，法拉第研究电磁感应现象，奠定了现代电磁学的基础。

1840 年，第一列在轨火车问世，意味着人类代步工具的革命性改变。

1842 年，第一个现代麻醉剂用于外科手术，现代医学诞生。

……

科技发展或者说科技创新的速度来得太快，恐怕欧洲人自己都没想到。近代以来，西方科学家们发现了精确性对认识世界的重要性，以求真、求实、创新的科学态度，运用实验手段和器具，观测分析科学现象，并将这些现象带回实验室，开展模拟实验，对观察对象做精确的定量、定性的研究和分析，并总结出科学规律。

在欧洲的科学界和思想界，不同领域的分类随着社会实践的发展越来越细，科学家和思想家也由于各自研究的领域不同，分为各自领域的科学共同体，这不但与当今科技知识极大丰富有关，还与人们的思维方式方法有紧密关联。

第八节　中西创新思维比较

创新是经济发展的核心动力，也是检验经济发展品质的主要标准，更是一个民族进步的灵魂。

所谓创新不仅仅指技术创新，因为创新有两个经典的定义。一个是狭义上的定义，其非常严苛，由创新管理领域的大家詹姆斯·厄特拜克提出，他认为，所谓创新就是技术的首次应用，在这一定义下，技术创新之外不存在创新。

另一个是广义上的定义，其较为宽泛，由演化经济学大师约瑟夫·熊彼特提出，他认为，创新是生产要素的新结合。在这一定义下，创新至少包括了产品创新、工艺创新、组织创新、经济结构的重组和开发新市场等形态。总之，广义创新的界定也具有非常重要的价值。

让我们从创新这一角度，分析中西方在创新思维上有什么不同。

先说结论，中国是“感性 + 顿悟”的思维方式，偏重综合，而西方是“理性 + 实验”的思维方式，偏重推证，这两种思维方式对科技积累乃至创新有不同的作用。同西方思维方式相比，中国的思维方式对科技创新能起指导作用。

中西方的思维方式的产生，与自身所处的地理环境、生产方式、社会制度等密切相关，两种思维方式的价值观念、心理特点等也各不相同，并各具特色。

中国的思维方式特点是多向度的、立体性的、辐射四周的。西方的思维方式特点则具单线性和分析性，是容易诱导出的、流线型的。可以说，中式的思维方式特点是阴阳互补的，而西方的思维方式为二元对立的。

中国古代的思想家注重通过感性经验，运用朴素的辩证思维，从整体上把握世界。在中国，人们对于自然界和人类社会的生成过程的描述是粗线条的，或者说是诗性的，没有经过严密的逻辑推理论证，只是思想家感性与直观的想象。中国的经典大多探讨的是伦理、政治等问题，很少涉及科技方面的知识。像《墨子》这样对科技知识稍有涉略的著作和以墨家、名家为代表的逻辑学派，在历史中也影响有限，虽然留下了宝贵的文化遗产，却并没有在社会中产生什么实际影响。一些其他典籍中零星的涉及创新的论述，也与人、与治理国家混杂在一起，没有形成单独的体系。

西方的思想家注重理性在认识自然界和人类社会中的作用，在他们眼里，世界是一个井井有条的系统，从第一位思想家泰勒斯开始，他们就积极探索世界的本源。早期西方思想家们认为世界的本源是具体的土、气、水、火等物，后来德谟克里特将其发展到原子这一肉眼看不到的元素，树立了理性的主体地位。毕达哥拉斯更认为“数即万物”，把整个世界还原到一个绝对抽象的、规律性和逻辑性极强的体系里，完全脱离了感性，充分显示了理性的作用。在柏拉图、亚里士多德等人的思想体系里，他们对感官观察到的现象进行综合分析，找出其中的规律，努力让世界呈现出规律性和有序性，理性在认识世界和改造世界中的重要作用开始发挥出来。

中国的思想产生之初，就与政治、伦理等问题紧密相连，中式思维方式形成了独特的体系。及至儒家一统思想领域后，名、墨等诸家的逻辑学派渐微，现实创造活动中，只有工匠和手工艺者在实践中对技术不断改进，并将改进后的新技术和新发明，通过口授等方式传给后人。但由于工匠和手工艺者缺少外在物质条件，也无文字传承意识，致使创新成果少有记载，即使有，也大多限于直观体验的范畴。许多重要的、伟大的发明很少上升为更高层次的理论。当思维形成定式以后，对外来的文明的吸收也往往限于技术应用的层次。

中式思维方式主要表现为体验和顿悟，人们相互间的交流主要靠彼此间共同的感性经验、彼此间的心灵互通等，而非赖于理性的逻辑推理和分析判断。中式的思维方式有自己的优势，那就是善于抓住事情的宏观，善于统领全局，缺陷是对于具体细节缺乏把握。

西方思想在产生的时候就重视理性思维，用理性来认识世界，他们认为，世界在按照一定的规律发展变化。近代以来，西方科学家们发现了精确性对认识世界的重要，在“理性＋实验”的思维方式下开创了近代科学，思想界也随之蓬勃发展。西方思维方式的局限性，体现在全局把握上有所不足，不太全面。

经过比较，中西方的思维差别逐渐清晰。中式的思维方式喜欢宏观地把握世界，目的是解决自然界和人类社会间的关系问题，而非思考科学技术方面的具体和微观问题。西式的思维方式的主要目的是征服自然界，表现形式为对自然和社会现象的思考是抽象的、严密的和逻辑的。在创新思维上，中西方的思维方式各有各的优势。

也许正因这样的思维差异，在一次采访中，中国创新工场董事长兼CEO（首席执行官）李开复认为，“我们相信中国可以创新，但不会以苹果公司和谷歌公司的方式来进行”，他认为，中国企业家擅长的是“迭代式创新”，而不是美国企业家的“颠覆式创新”。

第九节　技术创新的生态逻辑

自2010年开始，《麻省理工科技评论》每年都会选出50家公司作为科技创新的代表。这个榜单的名字略有变化，在2013年之前，它叫“全球50大创新公司”；2013年，它叫“全球50大颠覆公司”；2014年至今，它叫“全球50大最聪明公司”。这份榜单并不清点公司所拥有的专利或雇用的博士，也不考察公司的大小和名气，而是会问这个公司在过去的一年中，有没有做出将会重新定义其所在领域的重大创新。

我们可以将这份榜单简单理解为“世界技术创新公司年度排行榜”。

每年都会有新的公司入选；每年也都有公司会落选，离开榜单。在2011到2017年的7年时间里，共有195家公司入选榜单，其中有23家公司至少入选了3次。IBM（国际商业机器公司）和SpaceX（太空探索技术公司）各入选了 7 次，7 年之间无一缺席。如果把谷歌和 Alphabet（谷歌重组后的“伞形公司”）算作一家公司，它也入选了 7 次。亚马逊和 Facebook（脸书）各入选了 6 次，在入选次数排名中并列第四。在中国公司中，入选次数最多的是腾讯，一共 5 次进入榜单，和苹果公司并列。

从这份榜单来看，在国家分布上，美国的公司每年都占据榜单的大半，不过其优势正在放缓，从占总名额的 80% 下降到 60%。总体来说，榜单中的国家组成多样性正在提高。中国公司的数量也在显著增加，从 2013 年的两家到 2017 年的 9 家。入选的中国公司既包括百度、阿里巴巴、腾讯、华为这样的巨头，也包括小米这样的已形成一定规模的公司，还包括滴滴出行、旷视科技、大疆（DJI）等初创企业。

深刻地理解这份榜单，有助于我们理解世界技术创新的生态逻辑。

创新没有国界，人类文明的进步是不同文化碰撞出来的，创新的思想只有在开放碰撞中才能不断生长。思想创新与理念创新是需要开放的碰撞交融的，但是技术创新与商业利益和国家利益直接相关，更存在知识产权的保护问题。因此，很多时候，技术创新是以不开放、非交融的形式出现的。当技术创新涉及巨大的商业利益和国家利益时，没有任何可缓和的余地，没有任何情面可讲，中国的大飞机、汽车制造及芯片产业就是最好的例证。没有技术创新，只能受技术创新优势方的盘剥。

因此，在未来竞争只会越来越激烈，这种激烈的竞争，也会成为社会进步的一种巨大动力。

在未来的技术创新中，我们不应仅仅关注市场上的大象型企业、独角兽企业的创新，更应关注那些奔跑的羚羊——小企业的技术创新。大公司做产品，在生产、销售、品牌方面拥有优势；小公司做技术，轻资产是创新体系中的生命源泉。

另外，在技术创新中，中西方除了思维的差异外，社会面对创新的态度也有极大的不同。

例如，中国高铁的每一步技术创新，都是在质疑声中进行的。当时的铁道部部长面对满天质疑，却创新性地先建起从北京到天津的高铁，命名为城际铁路，等城际铁路这个概念被社会普遍接受了之后才建起更多的高铁，让人们接受了高铁这一创新事物。今天，中国的高铁已成为“新四大发明”之一，成为中国创新的骄傲，历史应该记住当年铁道部部长的创新，也应该记住许许多多的创新失败的英雄们，正是这些人的前赴后继，才使技术创新之花越开越红。

chapter two

第二章 工业革命的伟大创新

导语：在科技创新上，英国是近代科学的主要策源地。以牛顿力学为代表的经典物理学和以亚当·斯密为代表的古典政治经济学，成为那个时代最先进的自然科学和社会科学，为产业技术创新和自由市场制度创新提供了强有力的理论指导和支撑，从而为工业革命的兴起奠定了坚实的科学理论基础。

第一节　蒸汽时代

以蒸汽机为标志的第一次工业革命，使人类首次突破肌肉力量获得更大的能量，实现能量来源从肌肉到机器的跨越。这次工业革命不仅成就了英国日不落帝国的无限荣光，同时也让人类叩开了工业社会之门，不可逆转地颠覆了人们的思维方式和生活方式。

历史坐标回到1700年前后，当时，英国煤炭工业的产量和产值分别占欧洲总量的87%和59%，但矿井排水问题是个大麻烦，长期困扰着英国煤炭业的快速发展。由水车和马车拖拽的机械带动抽水机运转来进行排水的方法效果欠佳，如何寻找更划算和更高效的动力是很多人探索的目标。

1698年，托马斯·萨弗里依据“水蒸气冷凝后会在封闭容器内形成真空，随后借助外界的大气压力推动活塞移动实现抽水”的原理，成功设计出真空抽水机，并申请专利，首次将蒸汽动力技术投入实际应用领域。但遗憾的是，这种设备并没有得到广泛应用。

1710年，托马斯·纽卡门在康沃尔推出一款用于向外界展示的原型机，经过不断改进，又过了两年推出了运转性能优异的成型机。纽卡门式蒸汽机的问世，使得提供动力的生产要素从牲畜饲料转变为具备加热功能的燃料。由于在矿井几乎可以免费获得无限的煤炭，早期用于煤矿抽水的蒸汽机固有的耗煤量大的缺陷不会引起用户的顾虑，这也将纽卡门式蒸汽机早期的应用领域锁定在煤炭业。到 1733 年，英国境内共有 100 台左右的蒸汽机实现商业化运营。1800 年，英国境内蒸汽机的数量已增至 2500 台，其中大部分为纽卡门式蒸汽机。

托马斯·纽卡门的技术创新使纽卡门式蒸汽机在当时成为一项尖端的技术产品，但若以今天的眼光来看，这种机器燃料消耗量极大，同时该机器的关键性部件往复运动的速度很不平稳了，无法成为一般工业生产设备的动力源。

以纽卡门式蒸汽机为起点，一些精英先后开始了后续的技术改良，对某些重要零部件和运转流程进行了诸多改变，最终定型的设计理念和最初的构想差别很大，其中詹姆斯·瓦特发明的分离式冷凝器极大地提高了蒸汽机的热效率。1800 年，理查德·特里维西克成功研制出耗煤量低、结构轻便且造价便宜的高压蒸汽机，这种蒸汽机后来成为铁路和轮船运输领域中常见的动力设备，被越来越多的人接受。

18 世纪 80 年代，瓦特通过重新设计阀门的开合方式、采用并联驱动杆的动力传导系统等精彩的技术创新，给蒸汽机带来了革命性的突破，使其可以为所有的机器提供非常匀速且平稳的动力。技术突破以后，商业的力量将新式蒸汽机推向了世界各地。

1784 年，博尔顿和瓦特为了向外界展示新式蒸汽机的优异性能，共同向阿尔比恩工厂注资，协助该厂完成动力源转换，这个工厂成为第一个大规模使用蒸汽动力的制造业企业。截至 1800 年，博尔顿和瓦特两人累计出售 308 台新型回旋式蒸汽机，新式蒸汽机技术经历了持续的改良和完善，由于运转成本大幅降低，越来越多的工业部门和国家都使用蒸汽机作为动力源，这种新式蒸汽机最终也成为第一次工业革命的标志，在商业运输、棉纺纱业等行业大放异彩。

从这次工业革命的进程来看，其实技术革新是有自己的演化逻辑的。

单个技术的发展逻辑是“以需求为驱动力，以宏观性发明和微观性改良为革新方式，以性能稳定高效、成本降低和扩大应用市场规模为目标”。在1700年前后，英国煤炭工业快速发展，需要解决矿井排水问题催生了蒸汽机的发明。棉纺纱业巨大的市场空间，加上与印度棉纺织业在技术水平和生产效率上的差异，为纺纱机械的革新提出了现实要求。英国丰富的煤炭资源，则为利用焦煤替代木炭提供了可能。这三种技术的宏观性发明，具有一定的偶然性。但后续的改良都首先以提高技术产出的效率和获得最佳效果为目的，最终实现了煤炭、布匹和生铁成本的下降。与此同时，这三项技术经过改良，改变了开始时高耗煤的缺点，为这些技术扩散至更广的地区、更多的行业提供了可能，最终引发了欧洲和北美很多国家生产、生活方式的重大变革。

市场外溢效应激发了技术间的协同，促进了技术创新。蒸汽机、纺织机械和焦炉冶铁技术三者并不相互孤立，焦炉冶铁技术在通过利用蒸汽机输入作为动力输入源之后，不仅极大地提高了生铁的产量和质量，而且降低了生铁的平均成本。焦炉冶铁技术所提供的生铁和蒸汽机，一起催生了铁路和轮船运输业的发展，这又进一步扩大了棉纺织业和蒸汽机的市场空间。棉纺织业和蒸汽机的扩张，带动了对生铁的需求，进而拓展了冶铁业的市场空间。这种良性的市场多向扩张机制，为企业提供了广阔的利润空间，充分利用技术研发的规模经济效应，促进技术的不断进步。

第二节　电气时代

第一次工业革命中蒸汽机的发明对人类的意义巨大，而第二次工业革命从某种意义上说更为波澜壮阔。这次革命最具标志性的成就——电力的广泛使用使生产力再次突飞猛进，这次伟大的技术创新使人类历史从“蒸汽时代”跨入了“电气时代”。

电力是以电能作为动力的能源，发明于19世纪70年代。电力的发明和应用成为人类历史自18世纪以来，世界发生的三次科技革命之一，从此科技改变了人们的生活。

1831年，英国科学家法拉第发现了电磁感应现象，提出了发电机的理论基础。科学家们根据这一理论，从19世纪六七十年代起对电做了深入的探索和研究，出现了一系列电气发明。终于在1866年，德国人西门子制成发电机，到19世纪70年代，实际可用的发电机问世了。1882年，法国人德普勒发现了远距离送电的方法，美国科学家爱迪生建立了美国第一个火力发电站，把输电线连接成网络，电力这种优良且价廉的新能源从此得以广泛应用，推动了电力工业和电器制造业等一系列新兴工业的迅速发展。

1870年，比利时工程师格拉姆发明了电动机，能把电能转化为机械能，电力开始用于带动机器，成为补充和取代蒸汽动力的新能源而进入生产领域。随后，电灯、电车、电钻、电焊等电气产品如雨后春笋般涌现出来，电力得到了广泛的利用，它不仅开动了工厂机器，还大大推动了其他领域的科技革命。

中国在电能方面的应用，也有值得记忆的三个“第一次”。

第一次发电的记录同样产生于上海，在1879年4月，上海公共租界工部局工程师毕晓甫（J. D. Bish）在虹口乍浦路一家外商仓库里，将一台蒸汽机带动的直流发电机运转成功。

第一次用电的时间是1879年彼时在上海的英国殖民主义者为了欢迎美国总统格兰特路过上海，特地运来了一台小型引擎发电机。这台发电机于1879年的8月17—18日，在上海外滩使用了两个晚上。

第一座发电厂位于上海。1882年7月26日，英国商人开办的上海电光公司的乍浦路电灯厂开始发电，这是神州大地上第一座正式发电的电厂。

电能是人类高效生产和生活的能源，使人类社会飞跃式前进。电能作为一种二次能源，便于从多种途径获得，比如可以用水力发电、火力发电、核能发电、太阳能发电及其他各种新能源发电等。同时，电能又便于转换为其他能量形式以满足生产和生活的种种需要。不仅如此，电能还易于传送，使用时易于调控，多种优点使电能成为最理想的二次能源。

电能的开发及其广泛应用成为第二次工业革命的核心内容，20 世纪出现的大电力系统构成了工业社会传输能量的大动脉，以电磁为载体的信息与控制系统则组成了现代社会的神经网络，各种新兴电工材料的开发、应用，丰富了现代材料科学的内容。物质世界统一性的认识、近代物理学的诞生以及系统控制论的发展等，都直接或间接地受到电工发展的影响。与此同时，各相邻学科的成就也不断促进电工向更高的层次发展。

电能的应用不仅影响到物质生产的各个层面，也越来越广地渗透到人类生活的各个层面，普通人熟知的两个例证：医疗电器的广泛应用、家用电器的普及，只是电能应用的冰山一角。在当今社会，电气化在某些时候成为现代化的同义语，电气化程度已成为衡量社会物质文明发展水平的重要标志之一。

第三节　万家灯火城市新

用电能进行照明，它消除了黑夜对人类生活和生产劳动的限制，大大延长了人类用于创造财富的劳动时间，改善了劳动条件与娱乐条件，丰富了人们的生活。电能照明为电能的应用奠定了最广泛的社会基础，成为历史上推动电能生产的强大动力，使关于电的技术创新深入人类生活的方方面面。

“有了电多方便，电的用处说不完。”这是很多人在小学课本中读到过的两句话。现在如果没有了电，我们的生活不可想象。所以有人说，电是人类延续到现在的最伟大的发明。让所有人有电可用，关系到整个人类社会的发展。如果没有电，提供现代公共卫生服务、缩小数字鸿沟等事关人类进步的发展举措恐怕都难以实现。

2015 年，中国宣布解决了全国最后 273 万无电人口的用电问题，中国电力实现了“村村通”。中国实现电力全覆盖这个目标并不容易。起初，中国的电网建设和发电设备主要依赖进口。之后，中国不得不进行体制改革，创立了一系列新的财政机制，鼓励电力投资和电网工程建设。在解决农村地区用电问题上，中国还采取了精彩的“两步走”战略，先在 20 世纪 90 年代末解决了全国 97% 人口的用电需求，剩余 3% 的人口的用电问题解决起来难度则大得多，而最终取得成功靠的还是中国农村电网扩建和改造所取得的重大进步。

而许多西方国家，在 20 世纪 50 年代到 70 年代已经解决了大部分人口的用电问题，闪烁的霓虹灯、灯火通明的摩天大楼，似乎是大城市，尤其是国际大都市的标志性夜景。有了电力照明，城市在晚上变得灯火通明，使城市的治安得到改善，也带来了更多的商业机会和公共空间，夜生活也变得丰富多彩。如在西班牙首都马德里，就算在凌晨 4 点，你在街上依旧可以看到奶奶们的身影。海明威就曾说：“在马德里，没有黎明来临前上床睡觉的人。”

美国第一大城市纽约，美丽繁华、热闹非凡，昼夜灯火通明，夜生活丰富多彩，是一座闻名遐迩的不夜城。发达的商业与金融、极度多元的文化烙印都交汇于此。在曼哈顿，你每天都能感受到百老汇与时代广场的繁华。这里不管白天黑夜，总像是在过节，到处是行人与坐在一排排凳子上的过客。因为纽约在晚上太明亮了，曾有纽约议员提出，城市应该熄灭电灯，让“不夜城”沉睡一会儿。

在 LED（发光二极管）光源、驱动电源、灯具配光、智能控制系统、传感器、互联网和物联网等技术和工艺日臻成熟的今天，智慧与照明相遇，人类对照明的需求，就不仅仅是为了在黑暗中能看清物体和识别方向了，城市照明也从单纯的灯具的研发、生产、应用，逐渐与建筑电气、园林景观、环境艺术、建筑外观、一体化建材等网络科技领域的科技成果融合，形成了一系列以照明为核心的系统工程。

智慧城市这一概念的出现使城市照明从智能照明进化到智慧照明的新

阶段。

智能照明是指利用人工智能、无线通讯数据传输、智能化信息处理、物联网、传感器、控制系统等技术，使照明设施具有色温、亮度、色彩、点线面的光源的软启动、定时控制、场景设置等功能，并达到预定的照明标准要求，满足不同个性的需求，同时按照程序反馈问题的照明系统工程。

智慧照明基于智能照明，是智能照明的更高级阶段。

智慧照明打造的是一个“灯、网、云”的物联网核心概念。核心产品是“一盏灯”，即以LED灯作为集成感知终端和集成工作终端；重点是布设“一张网”，用于感知和传输，最终集成到管理后台“一朵云”上，打造数据云、服务云和智慧云。建设一套基于智慧照明的生态系统，有利于实现“1+X”综合应用，构建城市基础设施建设新模式，实现多方共赢，引导智慧城市建设进入可持续发展阶段。

提出“构建万物互联的智能世界”的华为集团更是认为，数以亿计的照明设施联网将是市政物联网建设的开端，从市政照明开始，将交通管理、环境监控、市政管理、市政照明等智能设备连接起来，打造全连接市政物联网，可架构“智慧城市”的未来。

今天，灯光通明的城市，要走进智慧照明阶段了。智慧照明基于人的规划设计，涵盖一切照明和承载智慧城市感知层和应用层多个子系统，能人机互动、能表达情感，符合大自然的发展态势。它是软件与硬件、物质与意识、科技与艺术的完美结合，它以城市毛发和皮肤的形式出现，是直通智慧城市中枢神经的系统工程。

第四节　工业的，也是政治的

因技术创新而来的第一次工业革命，并不是简单地提升了知识储备和技术条件，更重要的是降低了生产成本，使新技术切切实实地为企业省钱，这样大家才会有动力去发展新技术。尤其在工业化之初，工业生产力没有明显的军事价值以引起政府关注时，成本是新技术去留的唯一准绳。而在当时，全世界唯一能够靠新技术盈利的国家就是英国。煤矿的煤可以直接被填入蒸汽机用来挖更多的煤，并就近输送到附近工坊为机械提供动力。

第一次工业革命为英国创造了巨大的社会生产力，工业革命前后 80 年，英国工人的劳动生产率提高了 20 倍，棉纺工人生产率高于手纺工人 266 倍；18 世纪中叶，英国的煤产量、棉花加工量都相当于世界的一半，英国工业产值占整个世界的一半还多，铁路超过一万千米，伦敦成为世界金融中心，英国获得了“世界工厂”的称号，成为当时世界上最强大的国家。当时英国一个国家的力量，能够对抗整个世界。

工业革命在确立英国“世界工厂”地位的同时，也确立了它在欧美各国工业化进程中的领导地位。工业革命使英国成为欧美各国资本及生产资料的主要供应者，英国在工业革命中所产生的先进的科学技术、资本、设备和管理方法，很快突破国界的限制，传入欧美和世界的其他地区。在英国的直接或间接影响下，欧美及世界其他一些地区的国家相继走上了工业化道路。即使到 20 世纪中叶，全世界大多数国家和地区仍在继续着自英国工业革命所开始的工业化道路，而且在不同程度上受到英国工业革命的影响。

为什么工业革命首先发生在英国？其实这是多种原因综合作用的结果。

政体上，在长期的发展过程中，英国逐步形成了在当时比较先进的君主立宪制。

经济上，在 17 世纪中叶英国的商品经济已有较大发展，并率先爆发了资产阶级革命，为工业革命的兴起创造了最重要的经济前提。

科技创新上，英国是近代科学的主要策源地，以牛顿力学为代表的经典物理学和以亚当·斯密为代表的古典政治经济学，成为那个时代最先进的自然科学和社会科学，为产业技术创新和自由市场制度创新提供了强有力的理论指导和支撑，从而为工业革命的兴起奠定了坚实的科学理论基础。尤其是1776年问世的亚当·斯密的《国富论》，这本巨著可看作是一台工业革命特殊的发动机，一台思想的发动机，它为人类财富的增长提供源源不断的动力，正是它使得工业化不再停留于发明机器和制造产品的阶段，而真正对社会发展产生了革命性的意义。

在17世纪至19世纪中期，英国成为当时的世界科技创新中心，科学研究、技术发明呈现出欣欣向荣的气象。一直到以电力为代表的第二次工业革命兴起的时候，技术发明和创造的主要国家才变为后起的德国和美国。

需求上，英国的殖民扩张和海外市场的迅速拓展，成为工业革命发展的强大驱动力。

第一次工业革命完成之后，英国取得了巨大的技术和生产规模优势，大英帝国也进入了它的全盛时期。19世纪的英国经济学家史丹莱·杰温斯曾这样形容当时的英国国际地位：

北美和俄罗斯大平原是我们的谷物种植园，芝加哥和敖德萨是我们的粮仓，加拿大和波罗的海沿岸是我们的森林。在澳大利亚和新西兰放牧着我们的羊群，在阿根廷和北美的西部大草原则逐牧着我们的牛群，秘鲁运给我们白银，黄金则从南美和澳大利亚流到伦敦。中国人为我们种植茶叶，而印度则把咖啡、茶叶和香料运到我们的海岸，西班牙和法国是我们的葡萄园，地中海沿岸各国是我们的果园。我们的棉田，长期以来都分布在美国南方，而现在差不多扩展到地球上各个热带地区去了。

可以说，如果没有第一次工业革命，就没有我们现在这个世界。工业革命彻底改造了英国社会，它使英国走进了现代化的大门，使英国成为第一个现代化国家，迫使整个世界随着英国向现代化的方向前进。可以说是英国引领了当时世界的潮流，打开了现代世界的大门。在工业革命与资本主义制度的相辅相成下，经济、社会以及政治等方面发生了全方位变革，使英国的国际地位和国家实力产生了巨大变化。强大的物质基础使英国向世界倾销商品，成为世界工厂；为掠夺财富和倾销商品，英国积极对外扩张，一度拥有全球最广阔的殖民地，可以大规模开拓海外市场和大量获取廉价的海外资源，英国——日不落帝国，终于成为了世界霸主。

第五节　电气时代的技术创新

第一次工业革命带来了经济爆发，第二次工业革命则带来了更大的经济爆发。如果说第一次工业革命成就了英国的辉煌，那么第二次工业革命则使美国和德国迅速崛起，并逐渐反超英国。在第二次工业革命期间，欧美的各类技术创新如雨后春笋，使整个欧美地区迎来了空前的大繁荣。

电力的广泛应用和内燃机的出现是第二次工业革命的显著特点。在初期，因为冶炼工艺的限制，钢产量不高，到 19 世纪下半叶，由于西门子、托马斯等人在钢铁冶炼技术方面的创新，钢铁得以大量生产且质量大幅度提高，逐渐代替熟铁，成为机械制造、铁路建设、房屋桥梁建筑等方面的新材料而风行全球。钢铁工业的发展如日中天，美国的“钢铁大王”卡耐基也成为世界上最大的钢铁制造商。

汽车与火车的时代也来临了。

在技术创新上，其实人们对内燃机的研究比外燃机要更早，但由于理论和技术上的不成熟，使得外燃的蒸汽机在内燃机出现前得到广泛的应用，几乎在一个世纪的时间里，蒸汽机成为唯一的动力机。但蒸汽机也有它一系列固有的缺点。随着科学和技术的进步，重新研制内燃机的有利条件形成了：在机械制造方面，比较精密的机床已经出现；冶金技术方面，转炉、电弧炉炼钢提供了优质的材料，煤气工业和石油工业的发展可以提供必要的燃料，等等。

最终，德国人戴勒姆于 1883 年制成了第一台四冲程往复式汽油机，这个汽油机功率大、重量轻、体积小、转速快、效率高，特别适用于交通工具。1885 年，戴勒姆与德国工程师本茨两人分别以汽油机为动力独立制成了可供实用的汽车。1897 年，狄塞尔又发明了以柴油为燃料的柴油机。汽油机和柴油机的效率远远高于蒸汽机，大大提高了工业生产的动力。内燃机的出现推动了世界各国交通工具的新革命，人们将动力最强劲的柴油机装在火车和轮船上，大幅度提高了火车和轮船的速度与运载量。还将轻巧方便的汽油机作为动力，研制出了汽车和飞机。

第二次工业革命期间，美国铁路建设成绩斐然，铁路大建设拉大了美国经济框架，促使美国的更多资源得以被利用。他们通过“私人投资、政府援助”的方式，取得了铁路建设的巨大发展，极大地推动了西部开发和国民经济增长。

在美国，铁路建设被称为“19 世纪最后 40 年美国经济发展的中心”，从 1830 年至 1915 年，美国铁路里程每年以近 5500 千米的速度递增，这个年均建设里程是现代中国也达不到的。在这之中，1886 年至 1890 年年均建设铁路 1. 24 万千米，是 120 年后中国“十一五”规划铁路年拟建规模的 3. 6 倍。要知道，那时的美国只有近 6000 万人口，相当于现在中国人口的 1/22。据统计，美国在 1830 年至 1890 年这 60 年间，铁路长度爆发性增长了 150 倍。到 1900 年，美国铁路已超过 31 万千米，超过了欧洲各国铁路的总长度，几乎占到全世界铁路里程的一半。

美国的铁路建设也促使许多“铁路城镇”崛起。在美国，因为铁路建设而直接形成的城镇有两类，一类是在铁路修筑期间或完成之后形成的城镇；另一类是在铁路修筑期间甚至以前，就有计划地设计建立的城镇，这一类城镇在当时更为普遍。在 19 世纪初，处于美国中北部的芝加哥还是人迹罕至之处。而 1880 年芝加哥人口已有 50 万，1890 年增至 100 万，1900 年更达到 200 万，20 年翻两番的速度使芝加哥一跃成为美国第二大城市。

科学技术的进步也带动了电讯事业的发展。美国人莫尔斯在 1837 年制成一台电磁式的电报机，后来，他在华盛顿与巴尔的摩之间架设了一条 61 千米长的实验性电报线，并在之后的数年内，正式完成了电报传讯的重大实验，尤其是莫尔斯利用长短脉冲的不同组合，编出了至今仍在使用的英文字母电码，这被称为莫尔斯电码。

第二次工业革命期间，通信工具的发展有了长足的进步。在1876年美国费城世界博览会上，从苏格兰移居美国的贝尔展示了当时被称为“远听器”的电话，引起轰动。从此，电话技术得到改进和推广，并迅速发展起来。1880年，贝尔电报公司成立，它就是今天美国电话电报公司（AT&T）的前身。

19世纪80年代，德国物理学家赫兹证明了电磁波的存在，并测量出电磁波的波长和速度。1895年，意大利人马可尼利用赫兹的发现，成功制成无线电发报机，拉开了人类无线电通讯的历史大幕。在没有网络、交通不便、技术相对落后的整个20世纪上半叶，电报逐渐成为全球信息传递的最重要手段，世界各国的经济、政治和文化联系进一步加强。

第六节　科技史上的创新之王

在现代科技史上，有两位最伟大的创新之王：爱迪生与爱因斯坦，世界因为他们的创新而发生改变。

爱迪生可能是当今世界发明创造最多的一位伟大的发明家，拥有勤思爱想的习惯和坚韧不拔的创新精神，他发明了电话、留声机、蓄电池等，在当今世界，我们仍然时时刻刻被爱迪生天才的成果所包围。他创立的“门罗公园”，作为世界上第一个大量生产发明物的工业研究实验室，仍在硅谷发光。

在爱迪生的研究实验室，没有规章制度，没有时钟，但是工作人员们却总在长时间工作，享受着在一起工作的成就感。他的实验室布局轻松随意，以便于爱迪生和助手们彼此交流。他和他的科学家团队共取得了1093项发明专利，是名副其实的“发明大王”。单单1882年一年内，他们申请的专利就高达141项。应该说，研发活动是创新的重要来源，而创新又是形成企业核心竞争力的关键因素。

喜爱创新的爱迪生同时也是一位企业家，1879 年他创办了“爱迪生电力照明公司”；1880 年，白炽灯上市销售；1892 年，汤姆·休斯顿公司与爱迪生电力照明公司合并成立了通用电气公司，开始了通用电气在电气领域长达一个世纪的统治。

尽管爱迪生是电力、录音、录影这 21 世纪三大工业技术的创始人，但他最伟大的发明却是现代的发明方法，正是他创建了美国式的创新方式。爱迪生并非在自家车库里面敲敲打打、自甘寂寞的科学天才，而是聚集了一群有创新头脑的人为他工作，爱迪生的研究实验室是苹果、Google（谷歌）、微软等现代顶级科技智囊基地的前驱。

好莱坞曾在全盛时期向这位发明电影的天才致敬。1940 年，米高梅公司拍摄了爱迪生的传记片。影片结尾，爱迪生的成就一一滚过银幕：荧光屏、油印机、蓄电池、电影、投影仪、有声片……

除爱迪生外，另一位以“爱”开头的创新殿堂级人物——爱因斯坦，他是一位科学家，并没有很多的发明，他只是给人类带来了一个简单的公式，那就是 $E=mc^2$。就是这样一个简单的公式，解释了物质跟能量之间的最根本的关系，把人类带入了一个全新的时空观，这是一个划时代的伟大思想。

1905 年，26 岁的爱因斯坦横空出世，以六篇极具原创性和颠覆性的论文，彻底改变了现代物理学的面貌（其中包括了相对论），这一年也成为世界物理史上公认的“奇迹年”。在这一年，爱因斯坦引发了人类关于物理世界的基本概念（时间、空间、能量、光和物质）的三大革命，打开了通往现代科技时代之门。这六篇论文，分别是：

第一篇：3 月 18 日，《关于光的产生与转化的一个试探性观点》；

第二篇：4 月 30 日，《分子大小的新测定法》；

第三篇：5 月 11 日，《热的分子运动论所要求的静液体中悬浮粒子的运动》；

第四篇：6 月 30 日，《论运动物体的电动力学》；

第五篇：9 月 27 日，《物体的惯性同它所含的能量有关吗》；

第六篇：12 月 19 日，《关于布朗运动的理论》。

其中《关于光的产生与转化的一个试探性观点》点燃了 20 世纪最伟大的两场物理革命之一——量子论革命的导火索。从大胆和创新的意义上来说，这是六篇论文中最具革命性的一篇，甚至超过了相对论，它为爱因斯坦赢得了诺贝尔奖。

作为一门全新的运动学，相对论建立在两个基础假设之上，即相对性原理和光速不变原理，爱因斯坦曾在他的第四篇论文中明确提出过。后来，他又用第五篇论文进一步做了说明。值得一提的是，第五篇论文中提出了一个或许是有史以来最有名的公式：$E = mc^2$。

如果说原子论是科学的基础，那么，相对论和量子论则是现代物理学的两大基本支柱。在 1905 年，爱因斯坦一个人同时吹响了这两大革命的号角，为两个理论分别奠定了根基，这是标准的超级天才，是科学史上的传奇。奇迹年的这六篇论文，涵盖了三个研究领域，每个领域的成就无疑都稳获诺贝尔奖，也就是说，爱因斯坦这一年至少该得三个诺贝尔奖。当然，爱因斯坦的历史地位也无需用诺贝尔奖的数量来衡量。

在狭义相对论中，爱因斯坦提出，没有任何物质的运动速度可以超过光速。这与牛顿的引力论产生了冲突——引力可以瞬间穿越空间作用于其他物体。最终于 1915 年，爱因斯坦对外宣布了他的广义相对论。这一理论为重塑引力提出了惊人的观点：时空弯曲。茶杯从手中滑落并非由于地球将其扯向地面，广义相对论认为，行星使其周围的环境产生凹陷，导致茶杯顺着时空的滑道被引导至地面。爱因斯坦宣称，引力被刻画于宇宙几何之中。广义相对论精确无比，经受住了迄今为止人类所做的全部检验，能够准确预言天体位置，在精密引导人造卫星方面也得到了应用。

一个世纪过去了，广义相对论已融入了当今最前沿的研究中。这套理论于 20 世纪 20 年代又衍生出了研究整个宇宙起源及演化的现代宇宙学。

爱因斯坦，一个能让整个世界关注的天才，他的影响远远超出了科学与国家。在爱因斯坦永久放弃德国国籍72年后，德国，这个当初被爱因斯坦抛弃的国家，决定将2005年命名为“爱因斯坦年”，并将爱因斯坦的政治信条刻在政府大楼上。

第七节　创新光和电

爱因斯坦这位伟大的天才出生于1879年，同年，另一位伟大的天才在剑桥逝世，年仅48岁，他就是麦克斯韦，同样因为革命性的创新而被世界铭记。

麦克斯韦作为英国著名的物理学家、数学家以及电动力学的创始人，他为世界的物理学界做出了巨大的贡献，尤其是他的麦克斯韦电磁场理论，直接奠定了麦克斯韦在电磁场领域的奠基人地位，这一切使他成为牛顿之后、爱因斯坦之前最重要的物理学家。

麦克斯韦提出和发展了新的世界观，他的科学创新还为狭义相对论和量子力学打下理论基础，是现代物理学的先声，为未来的科学研究指明了方向。他的电磁学理论通向相对论，他的气体动力学理论对量子论的建立起到了重要作用，他筹建并领导的卡文迪许实验室引导了实验原子物理学的发展，他的电磁理论的成果奠定了现代电力工业、电子工业和电工业的基础。

在1864年发表的论文《电磁场的动力学理论》中，麦克斯韦提出电场和磁场以波的形式以光速在空间中传播，并提出光是引起同种介质中电场和磁场中许多现象的电磁扰动，同时从理论上预测了电磁波的存在。此外，他还推进了分子运动论的发展，提出了彩色摄影的基础理论，奠定了结构刚度分析的基础。在麦克斯韦百年诞辰时，爱因斯坦本人盛赞麦克斯韦，称其对物理学做出了“自牛顿时代以来的一次最深刻、最富有成效的变革”。

麦克斯韦除了自身天才般的创新之外，还一手奠定了卡文迪许实验室的百年辉煌，让科学的创新延续下去。

卡文迪许实验室是英国剑桥大学的物理实验室，自创建以后，它便成为世界物理学研究的前沿阵地。一百多年来，卡文迪许实验室开拓和引领了多次物理发展前沿的方向，如电磁理论、固体物理和凝聚态物理等，这些都极大地推动了整个物理学的发展，也让卡文迪许实验室声名鹊起。从这个实验室走出的诺贝尔奖获得者有20多位，这使卡文迪许实验室成为研究人员的科研殿堂，历任卡文迪许实验室主任，也被英国国王授予爵士或勋爵爵位。麦克斯韦作为该实验室的第一任主任，为实验室的设计兴建、设备配置、招生与教学研究、确定实验室宗旨、建立人才培养机制等都作出了巨大的贡献。

卡文迪许实验室的成就，使其被誉为诺贝尔科学奖的“孵化器”。深究其理，选拔优异的学术研究者、创设良好的硬件和软件环境条件、把握机遇条件是其取得成功的三大法宝。

作为首任卡文迪许实验室主任，麦克斯韦创立了将系统的教学与科研相结合的制度，建立了实验室自制仪器设备系统和学生自己动手做实验的传统，培养了学人勇于批评的精神。这些对卡文迪许实验室来说都是一笔难得的财富，它对后人产生了重大的影响。多年来，卡文迪许实验室坚守这样的信念：只有让研究生投入前沿研究，只有让他们奇思异想地自制实验仪器设备，才能培养出优秀的科学家。麦克斯韦培养学生的原则是“最好让学生用他自己的力量去努力克服他的种种困难。而在教师方面，与其把这些困难给他移开，不如鼓励他和困难奋斗”。

卡文迪许实验室主张平等交流，他们有两个习惯：一是每两周一次的卡文迪许物理学会，二是每天下午4时的“喝茶时间”。除学术会之外，在“喝茶时间”，学者们不分职务级别的高低、学术权力的大小，一律平等地交流。我国著名科学家张文裕先生于1935年至1938年到卡文迪许实验室学习，他深有感触地说：“一个研究单位的好坏，不在于出一两个人才，而在于建立一个优良的科学传统和学术环境。”这一观点颇为珍贵。

卡文迪许实验室在特殊的机遇环境到来时，就会获得创新的、突破的、有世界影响的成就。在中国建立创新型国家的宏观背景下，借鉴卡文迪许实验室发展经验，探讨大学学术生态环境对人才创新和科学研究的巨大作用，对中国的实验室建设和发展具有重要的现实指导意义。

第八节　神奇显微镜

显微镜是一种借助物理方法产生物体放大影像的仪器，分为光学显微镜和电子显微镜两类。显微镜的发明，使人看到了许多以前从未看到过的生物，如细菌、病毒等，也使人看到了生物的许多微小结构，如线粒体的结构等。现代生物学及微生物学皆因光学显微镜而诞生，光学显微镜也成为生命科学中必不可少的工具。此外，显微镜在医学、工农业生产中也有着重要用途。

显微镜的发展，使得今天的科学家们能够从最微小的分子细节来研究活细胞，比如脑部神经细胞间的突触是如何形成的，帕金森症、阿尔兹海默症和亨丁顿舞蹈症相关的蛋白聚集过程，受精卵分裂形成胚胎时不同蛋白质的形成过程，这些都使人类可以从分子水平理解生命科学中的现象与机理。

显微镜功能如此伟大，谁第一个发明了光学显微镜？历史的烟云已经让我们很难确认哪个第一，显微镜的第一个发明人可能永远成为了一个“谜”，他有可能藏在以下的名单中：詹森、列文虎克、李普希、伽利略、惠更斯……

在这份名单里，荷兰人列文虎克值得一提。他成功研制的显微镜，开始真正地用于科学研究试验，这次技术创新具有非凡的意义。

列文虎克是自学成才的典范，他出生于荷兰的德尔夫特市，从没接受过正规的科学训练。但他是一个对新奇事物充满强烈兴趣的人。一次，他从朋友那里听说荷兰最大的城市阿姆斯特丹的眼镜店可以磨制放大镜，用放大镜可以把肉眼看不清的东西看得很清楚，他对这个神奇的放大镜充满了好奇心，但又因为价格太贵而买不起。从此，他经常出入眼镜店，认真观察磨制镜片工作，暗暗地学习磨制镜片的技术。列文虎克自己当过学徒，手工活做得不错，看了眼镜店的人磨镜片的过程，自己便默记在心，回去后找来玻璃材料，利用自己充裕的时间，耐心地磨起了镜片。他早期的显微镜做得都很粗糙，不是放大倍数不够，就是镜面不够光滑，成像模糊。

功夫不负苦心人，1665 年，列文虎克终于制成了一块直径只有 0.3 厘米的小透镜，并做了一个架，把这块小透镜镶在架上，又在透镜下边装了一块铜板，上面钻了一个小孔，使光线从这里射进而反射出所观察的东西。这样，列文虎克的第一台显微镜成功问世了。之后，心灵手巧的列文虎克一直磨制透镜，他一生磨制了 400 多个透镜，有一架简单的透镜，其放大率竟达 270 倍。1723 年，91 岁的列文虎克将自己制作的部分显微镜、放大镜，以及精良仪器的制作秘诀，赠送给了英国皇家学会，他用自己持久的好奇心、执着、勤奋、创新的精神，开辟出一片崭新的科学研究天地。

列文虎克以后，显微镜的发展史精彩纷呈，令人目不暇接，这种精彩在 2017 年仍在上演。2017 年，诺贝尔化学奖颁发给了三位物理学家，以表彰他们在结构生物学上的贡献。三位获奖者都为冷冻电镜（一种低温电子显微镜）技术作出了贡献，这是一种用于高分辨率结构测定溶液中生物大分子的技术，对生物学家的科学研究帮助很大。

时至今日，显微镜这个词已经超越了科学范畴，而具有了更多的含义。如以创新、快速为核心互联网文化的小米公司，凭借“为发烧而生”的口号在中国市场引人注目，小米手机为手机行业带来了前所未有的变化，可以说为中国智能手机的普及立下了汗马功劳。在小米公司内部召开的一场产品品质会议上，创始人雷军有一句核心发言：“我们要用望远镜看创新，用显微镜看品质。因为创新决定我们能飞多高，而品质决定我们能够走多远。”

看！显微镜与高品质也有了内在的联系。

第九节　伦琴的创新

随着科技的发展，人们不但能看得更“细微”，还能看得更“深入”。

1895 年，德国物理学家伦琴在一次实验中意外地发现了“X 射线”。他将阴极射线放电管包上厚厚的黑纸，防止外部光线扰乱阴极射线。然而，他注意到在离射线管 1 米远的地方，有个氰化钡做成的荧光屏，这个荧光屏随阴极射线管的每次放电，一闪一闪地发光。伦琴把荧光屏挪至远处，它照样闪光；他又在阴极射线放电管和荧光屏之间放上书、木板和铝片，荧光屏还是闪光。只有在它们之间放上铅块或厚厚的铁板时，闪光才会消失。显然，阴极射线管中发出的是一种穿透力很强的射线，但不会是阴极射线。

在实验室里，伦琴连续工作了 7 个星期，他仔细地研究这种射线与加在放电管上电压的关系，研究各种物体对这种射线的吸收特性，以及射线在各个方向的强度分布。他用感光胶片拍摄他夫人带有戒指的纤细的手，结果照片不再富有诗意，那上面的手指就像是骷髅的指骨套有一件不相干的金属圈。随后，他向外界公布了自己的研究结果，那张不可思议的照片尤其令世人大为震惊。

伦琴于 1895 年把以《关于一种新的射线》为题的论文送交到威茨堡物理学会和医学协会会长手里，他以严密的文笔，将 7 个星期的研究结果写成 16 个专题，这是他为人类奉献的一份最珍贵的礼物。伦琴把来历不明的这种射线称为“X 射线”，因为在数学中人们习惯用“X”代表未知数。今天，人们知道“X 射线”是发自阴极的电子，在电场中加速后打在物体上突然减速辐射的电磁波。

对于 X 射线的研究，自 1540 年至 1895 年对其进行过相关研究的科学家有 25 位，其中有波尔、牛顿、富兰克林、安培、欧姆、法拉第、赫兹、克鲁克斯、雷纳德等，伦琴在他们的基础上加上自己的努力探索终于取得了成功。所以伦琴说："假如没有前人的卓越研究，我的 X 射线发现是很难实现的。"伦琴谦虚的态度、高尚的品格，是后世的光辉楷模，他没有为自己申请技术专利，希望全世界的人都能够更快地利用它，因而，X 光技术迅速地普及至世界各地，有力地推进了医学进步。

X 光有着巨大的实用价值，利用 X 光，人们能够看到身体内部的许多组织结构，如发现骨骼的意外损伤和嵌入身体的金属弹片，从而可以帮助医生诊断疾病。在伦琴发表 X 射线论文的第二年，X 射线便应用于临床医学，第一次在伦敦一位妇女手中的软组织中取出了一根缝针。此外，身体的任何部位、组织、器官都可以用 X 线显示，在医学领域，人们借助 X 射线看得更加"深入"。

1901 年，伦琴成为诺贝尔奖中第一位物理学奖获得者，他立即将此项奖金转赠威茨堡大学物理研究所为添置设备之用。此后据不完全统计，他生前和逝世后所获得的各种荣誉不下 150 项，他开辟了向原子物理学进军的道路，医用放射学从此诞生并得到了发展，为人类带来了幸福。

伦琴的成功绝非偶然，他具有积极的创新意识和近乎完美的人格特质，表现在以下几个方面。

其一，积极的创新意识，跟踪学科发展动向。从 1869 年获博士学位开始，伦琴先后在多所大学的气体、晶体的热传导，电磁学，光学等多个物理学领域开展研究，他开拓性的研究成果充分显示了他超人的智慧、深邃的学识和独特的构思，在世界范围内建立了崇高的实验物理学家的声望。

其二，敏锐的观察力和准确的洞察力。伦琴在重复其他科学家阴极射线研究的过程中，敏锐地观察到距阴极射线管约 1 米处，做其他实验用的涂有荧光物质铂氰化钡的纸板发出的荧光，而阴极射线仅能穿透几厘米的空气。从几厘米到 1 米距离的差别，他马上意识到可能是阴极射线以外的"新的辐射"导致荧光屏发光。

其三，不拘偏见，不囿于传统。其他科学家错失发现 X 射线的机遇，一个重要原因是他们受制于传统观念或局限于自己关注的问题，纠结于阴极射线本质的争论，伦琴则完全不是。

其四，严谨、求实，追求完美的品格。伦琴意识到自己观察到一种新的辐射后，并没有立即公布自己的实验结果，而是在接下来的几个星期内，几乎与世隔绝，独自工作，密集开展了对这种“新的辐射”性质的探索研究。研究了不同物质，书本、木板、橡胶板、不同种类和厚度的金属板等对新射线的阻挡能力。

其五，锲而不舍，追求卓越，最大限度地穷尽本领域研究，对发现的描述完全正确。伦琴公布发现后，面对引起的迅速、广泛和规模空前的轰动效应，并没有沉浸在激昂的兴奋中，而是以巨大的自制力保持镇静和理智，继续开展 X 射线性质的研究。

伦琴以发现、认识自然的真理为最大快乐，并把自己的发现贡献给全人类，坚守丰富的学术世界和精神追求，为社会公众和现代学人树立了光辉典范。

第十节　光与影的世界

跟显微镜一样，电影的发明也很难归因于一个单独的源头，它是众多贡献的积累。

一般认为，这项来自西方的技术创新，是法国的奥古斯特卢·米埃尔和路易·卢米埃尔兄弟发明的，他们于 1895 年，在爱迪生的“电影视镜”和他们自己研制的“连续摄影机”的基础上，成功研制了“活动电影机”。它能以每秒 16 画格的速度拍摄和放映影片，图像清晰稳定，一般认为这标志着电影的诞生。

电影诞生后，从幼年期迅速成为一种艺术，从无声电影走向成熟。在 1946 年至 1959 年，电影艺术进入了重要的发展时期，这一时期在世界电影史上有着重要影响的是意大利的新现实主义电影。从 1960 年至今，世界电影从突破创新走向多样化发展，琳琅满目，蔚为大观，影视产业也成为“文化创意产业”，受到各国的重视。全球电影市场发展也保持逐年增长趋势，2017 年全球电影票房达 399.2 亿美元，创下历史新高，较 2016 年增长了 3%。

电影传入中国是在 1896 年，当时的人们称之为“影戏”。1905 年北京丰泰照相馆拍摄了中国第一部影片《定军山》，从那时至今，中国已成为全球第二大电影市场，据原广电总局电影局公布的数据，2017 年中国电影总票房为 559.11 亿元。数据较上一年增加近 102 亿元，同比增长 13.45%。其实在 2006 年，中国电影票房收入仅为 26 亿元。这一数字到 2016 年增长到 457 亿，年复合增长率达到 33.2%。中国电影绚烂的黄金十年也成就了中影、上影、万达、华谊兄弟、光线传媒、博纳影业等一批中国娱乐产业的领军企业，上述几家公司的总市场价值也已超过 2000 亿元。

被誉为“世界电影之都”的好莱坞，也吸引了全世界的目光。这是一片依山傍水、景色宜人之地。在第一次世界大战期间及以后，格里菲斯和卓别林等一些电影艺术大师们为美国电影赢得了世界声誉，加上华尔街的大财团投资电影业，“好莱坞”电影城迅速崛起，逐渐形成了一个电影中心，好莱坞也成为美国电影的代名词，在这一进程中，创新同样功不可没。

好莱坞电影产业的蓬勃发展和金融模式创新密不可分。在吸引行业外资金方面，美国法律制度的许可和金融制度的创新功勋卓越。行业外资金大量涌入电影业，有三次比较大的浪潮。

第一次浪潮出现在 20 世纪 70 年代，美国税法提供的税收优惠吸引了大量的个人投资者。投入到电影摄制的资金可以在短期内提前折旧，同时可以作为报税时的预扣金额，直至 1986 年美国税制改革堵住这一流向。

第二次浪潮起源于 1995 年将投资组合的理论运用于电影投资，保险资金和退休资金蜂拥而至。一个投资组合中通常包括 20~25 部风格不同的电影，这极大地压低了投资人的风险。

第三次浪潮始于 2004 年，华尔街的私募基金加入到电影投资的大军，以电影投资基金的方式出现。

电影投资基金的募集，通常是由私募基金以高收益债、低收益债和优先股等不同品种的金融产品吸引风险承受能力不同的投资者而完成，其具体融资方式有股权融资、夹层融资、优先级债务贷款等形式。

电影产业的发展，也催生了四大电影节，即美国奥斯卡金像奖、戛纳国际电影节、威尼斯国际电影节、柏林国际电影节。综合而言，这四大电影奖被视为国际影坛最具影响力或艺术代表性的奖项。其中，奥斯卡奖更注重影片的政治与商业因素，另外三大电影节则坚持以艺术性作为最高指标。值得注意的是，这四大电影节仍然是欧美电影的天下。

除了中美之外，印度的电影产业发展也非常抢眼。因为印度拥有全世界最多的观众，多年来年观影人次在20亿~40亿，远远超过全球票房第一、第二的北美和中国。

印度拥有与好莱坞并称的宝莱坞，是世界上最大的电影生产国（每年1000部以上）、第二大电影出口国、第四大电影票房市场（据德勤的报告预测，到2020年，印度电影业收入将达到37亿美元）。印度目前有大约100家电影制片厂，1.5万块银幕。十年前，印度电影的海外市场占它全部收入的20%，现在已经发展到35%~45%，这是相当不错的成绩，除了好莱坞，很少有哪个电影市场能做到如此。除了票房，海外版权收入中还有5%的电视版权和5%的音乐版权。

美国和英国是印度最大的两个出口市场，中国也是重要市场之一，《摔跤吧爸爸》《我的个神啊》等电影就在中国市场掀起观看狂潮。其实印度电影业已经有100多年历史，早在1994年好莱坞电影进入中国市场前，每年就有4~5部印度电影引进中国。印度某些电影质量很高，有很多和当下社会息息相关的好电影，其中所涉及的题材、讨论的主题在现实性和大胆程度上，让中国电影人和观众感到惊讶。这些电影，可以直指印度的男尊女卑、种姓歧视、宗教欺骗、官员腐败、教育畸形等社会问题。

无论是中国、美国还是印度，电影的本质依然是造梦，必须充分认识到梦的价值，才能去把握电影行业未来的发展趋势。德裔美籍作家赫伯特·马尔库塞在他的名著《单向度的人》一书中指出："发达工业社会成功地压制了人们内心中的否定性、批判性、超越性的向度，使这个社会成为单向度的社会，而生活于其中的人成了单向度的人。这种人丧失了自由和创造力，不再想象或追求与现实生活不同的另一种生活。"

但在现实生活中，人一定是多向度的人，梦比现实体现出更多的维度。正是因为人始终保留着对梦想的渴望和追逐，才会不顾时间成本和经济成本走进电影院，在两个小时中度过一段美丽的奇幻之旅。

chapter three

第三章
信息高速公路

导语：在中国，信息高速公路也开始改变工业。以工业云、数字工厂、机器人技术等为代表的“智能制造”生产力，正在促进中国工业装备水平大幅提升。在信息高速公路的竞争中，中国从跟随到引领，随着中国综合实力的迅猛崛起，不可避免地向美国在政治、经济、军事等诸多领域的全球优势发起挑战，其中也包括了决定未来竞争力的科技行业。

第一节　信息时代

如果说第一次工业革命把人类带进了“蒸汽时代”，第二次工业革命把人类带入了“电气时代”，那么，第三次工业革命就把人类代入了“信息时代”。这次革命是以电子计算机、原子能技术和航天技术为代表的，尤其是电子计算机的迅速发展和广泛应用，拉开了信息技术革命的序幕。信息技术成为拉动经济的新的增长点，极大改变了世界的面貌和人类的生活，全球技术创新渐趋活跃，经济社会结构发生新的革命性调整。

著名的计算机科学家吴军在《硅谷之谜》中提到，信息时代的科学基础与工业时代的科学基础完全不同，系统论、控制论和信息论取代了牛顿的机械力学，成为社会主导的理论基础。其中，系统论要求把事物当作一个整体或系统来研究，并用数学模型去描述和确定系统的结构和行为。而控制论是研究系统的状态、功能、行为方式及变动趋势，控制系统的稳定，揭示不同系统共同的控制规律，使系统按预定目标运行的技术科学。最后一个信息论，它是用概率论和数理统计方法，从量的方面来研究系统的信息如何获取、加工、处理、传输和控制的一门科学。

在工业时代，信息也能创造价值，但价值往往很有限，也得不到准确的测量。在信息时代，有关信息科技和产业本身之外，它还能够与传统行业相结合，释放出更大的能量。

首先，计算机产业生产率的显著提高，对于整体经济生产率的提高有着直接且主要的贡献。其次，计算机和软件价格的下降，导致整个经济对于计算机的投资和使用增加，即资本深化。最后，信息技术的进步会使密集使用计算机的经济部门生产率提高。

在 IT 经济崛起的 20 世纪 90 年代，美国经济的确受益匪浅，并被经济学家测量了出来。在这一进程中，硅谷依靠工业界的力量，借信息时代的东风，由过去文化和科技都相对落后的“蛮夷地区”，成长为拥有著名的斯坦福大学和加州大学伯克利分校等世界一流大学的科学技术中心，世界各地仿照硅谷建立了很多科技园，但依然没有出现能与硅谷相媲美的创新之都。

硅谷了不起的地方，不仅在于为美国的发展提供了多少 GDP（国内生产总值），成为美国经济发展的主要动力之一，还在于它孕育出了许多伟大的公司，比如仙童、英特尔、基因泰克、思科、谷歌和特斯拉等。

在世界范围内，信息化进程早已开始。信息类无形产业将成为关键资源，拥有信息和知识的国家将是富有的国家，这样的富国将与信息贫穷落后的国家分道扬镳，传统产业正以前所未有的速度，向以网络为核心的新产业发展，计算机业、通信业与信息业正在融为一体，三者融合的结果是，市场不再以地理位置为核心，而是以网络空间为核心，网络空间成为世界的重要资源。

在信息时代，企业的管理也发生了根本性的变革。由于信息技术的产生和快速发展，智力资产的作用已日见明显，对任何公司而言，智力资产的战略管理都是重中之重。智力资产可以存在于企业的客户心中，如技能和经验，也可存在于员工心中，如声望和信任，还可以是公司的基本数据和研发能力。在信息时代，企业需要用创新的思维、技术和流程做出顺应时代的产品，积极利用信息时代的优势，用信息技术加速整个社会的蝶变。

第二节　不止有星空

进入信息时代后，我们抬头仰望星空，地球正在被越来越多的人造卫星所包围。自 1957 年苏联将世界第一颗人造卫星送入轨道以来，人类已经向浩瀚的宇宙中发射了大量的卫星，这些卫星功能繁复。据不完全统计，人类发射的卫星有几千颗，目前有效工作的卫星在 1500～2000 颗。

人造卫星是个兴旺的家族，如果按用途分，它可分为三大类：科学卫星、技术试验卫星和应用卫星。其中应用卫星是直接为人类服务的卫星，它的种类最多，数量最大，其中包括：通信卫星、气象卫星、侦察卫星、导航卫星、测地卫星、地球资源卫星、截击卫星等。

世界第一颗人造卫星是有 4 根折叠杆式天线的“斯普特尼克 1 号”。这颗卫星直径只有 580 毫米，重 83.6 千克，在密封的铝壳内，装着一只化学电池、一只温度计、一台双频率的小型发报机。尽管这颗“小星”在天空仅逗留了 92 天，但它却推动了各国发展空间技术的步伐。

人造地球卫星的用途不一，形状各异，大小也相去甚远。目前最重的卫星是美国发射的“天空实验室 1 号”。这个卫星长 35 米，直径 7 米，容积 335 立方米，整个卫星重 76.5 吨，要 16 辆载重 5 吨的大卡车才运得动。卫星内设备齐全，生活和工作环境几乎与地面上的实验室一样舒适。与它形成强烈对比的是“四面体研究卫星”，它们是美国军用卫星，从 1962 年到 1964 年一共发射了六颗。六颗卫星都很小，最重的也不过两千克，其中头三颗都只有 0.7 千克，每边长 20 厘米，还不到大人的手臂那么长。

美国、俄罗斯、中国、印度是世界上拥有卫星较多的国家，而美国所拥有的卫星数量已经远超过其他所有国家。在科技越来越先进的今天，许多领域都需要使用卫星，尤其是在军事领域，卫星的地位更是无可替代。除军事卫星外，商业卫星也是重要的竞争领域，在这一领域，商业通信卫星是竞争重点。

按美国卫星工业协会划分，卫星产业分卫星制造业、发射服务业、卫星服务业和地面设备制造业四大领域。这个与政治、军事密不可分的产业，已经占据全球航天产业六成以上的份额。在这个产业里，有公司与公司的对抗，更有国与国的较量。

中国卫星通信市场的发展，可以给中国通信卫星制造商带来发展空间，但中国卫星通信应用和通信卫星制造水平之间的发展不匹配是个两难的问题。国内卫星通信运营商首选美国和欧洲卫星，国际或地区卫星运营商更是如此。与此同时，我国通信卫星制造还面临供应商卖方市场。日本有关键零部件的供应优势，中国的卫星制造技术需要通过与欧美的技术合作来提高。但是，中国不得不面临美国的出口管制，因为美国一直对商业卫星出口实施管制，意在确保“国家安全利益”。

2015 年，我国首颗商业通信卫星亚太九号发射升空，这颗卫星由香港亚太卫星公司购买。长期以来，美国压制我国参与国际商用通信卫星市场的竞争，同时西方国家以高价租用卫星转发器的方式，从发展中国家长期攫取巨额利润。中国成功发射亚太九号，意味着已全面掌握通信卫星系统全部技术，可以独立于现有国际商用通信卫星体系之外，向世界各国提供通信服务，接下来中国可以打包出售整颗卫星及全套服务方式，向发展中国家出售通信卫星服务。

在商业卫星通信的发展历史中，过高的成本以及数量较少的用户成为行业发展的掣肘，一些国际大企业在这一领域的积极尝试，尚无乐观的结果出现。

早在 20 世纪 90 年代，比尔 · 盖茨参与投资的特利德西克卫星通信公司，计划建设由 840 颗卫星组成的卫星互联网，但在 2002 年就终止了运作，2003 年向美国联邦通信委员会报备放弃已经获得的无线频谱。

美国脸书公司创始人马克 · 扎克伯格也曾在 2014 年提出，建立一项非营利性的卫星互联网计划。据报道，扎克伯格在第二年就因为成本问题放弃了这个计划。

目前，美企业家马斯克的太空探索技术公司联合其他机构，正在酝酿一个上网卫星计划，即发射 700 多颗廉价卫星，为地面人员提供上网接入服务。

我们的头顶不止是星空。现如今，人们打开广播、电视，启动汽车导航功能，在偏远地区打电话，等等，都能找到卫星应用的影子，享受到卫星运营服务。数十年前，只有美国和苏联有能力进行太空计划，现在已经有很多国家在太空占有一席之地。超过一半数量的卫星是商用卫星，太空可能会成为引发未来冲突的因素，所以现行的太空管理机制或许并不适用，太空管理方法亟待革新。

第三节 信息与信息系统

在信息时代，人们经常谈论信息，一篇文章，我们经常说信息量很大，或者信息量很小，但信息的量化标准是什么，日常沟通中并不清晰。例如我们读一本《汉书》，书中到底有多少信息量?

小米董事长雷军曾说过一段话：“投身信息产业的怀抱快 30 年了，我有时也在想：信息何以会具备如此强大的力量? 它的力量来自哪里? 我们又该如何驾驭这一力量? 在这 30 年间，信息极大地释放了人类的能量，它所创造的价值超过了之前五千年的财富总和，但‘信息’依然是个大家耳熟能详却又含义模糊的词。信息是人的镜子，它在技术更新与模式兴替中展现出变化万千的色彩。但我们回视人的心灵，却发现它在千百年来并没有太多的变化。‘科技的互联网’不能描述信息的全部，信息只有作用于思维，才能显示出强大的力量。”

信息如何客观、定量地显示出来呢? 信息的理论基础是什么? 当历史来到 1948 年，美国数学家香农发表了著名的论文《通信的数学原理》，才清晰解决了信息的量化问题，量化出信息的作用，香农也因此成为了信息论的奠基人。

香农提出用信息熵来定量衡量信息的大小，他认为一条信息的信息量与其不确定性有直接关系。如果我们要了解一无所知的事，就需要了解大量的信息，反之，如果对某事已经了解很多，则不需要太多信息就能把它搞清楚，所以，信息量就等于不确定性的多少。香农用“比特”这一概念来度量信息量，一个比特是一位二进制数，在计算机中，一个字节就是 8 比特。

在香农眼中，信息和长度、重量这些物理属性一样，是种可以测量和规范的东西。由于对于通信系统而言，其传递的信息具有随机性，所以定量描述信息应基于随机事件。他认为，任何信息都存在冗余，冗余大小与信息中每个符号的出现概率或者说不确定性有关。如今，比特作为衡量信息多少的单位，已经跻身米、千克、分钟之列，成为了日常生活中的常见的度量标准之一。

在香农对信息的概念加以确定后，并用比特作为量纲衡量后，人们发现信息几乎无处不在。香农的理论在信息与不确定性、信息与熵，以及信息与混沌这些概念之间架起了桥梁，比特的出现引领了如今发达的信息产业和互联网产业。

从功能上讲，解决信息获取、识别、提取、转换、存储、传输、处理、分析和利用中的问题的一切技术都是信息技术，其主要以现代计算机及通信技术为代表。

在信息论之后，人们又创立了系统论。认为系统论是研究系统的一般模式、结构和规律的学问。它用数学的方法定量地描述其功能，是具有逻辑和数学性质的一门科学。信息系统是由计算机硬件、网络与通信设备、计算机软件、信息资源、信息用户和规章制度组成的以处理信息流为目的的人机一体化系统。

到了今天，信息技术的飞跃发展和信息应用模式的更新换代，使得全球数据量爆发式增长。在大数据背景下，信息数据翔实全面，人类既有把握海量信息的机会，也要面临信息冗余、信息孤岛的挑战。在信息服务和信息系统方面，大数据信息技术在底层能够将有序、有价值的信息和知识挖掘，大数据信息管理面向更广阔的商务科技应用和经济社会活动，将信息真正作为一种资源，提高效率、降低消耗，创造崭新的经济增长模式和利润来源。

大数据对信息服务和信息系统也提出了挑战。在大数据时代，信息服务和信息系统的建模必须以各种应用服务为驱动，需要依托海量数据存储和处理技术，形成便捷、高效、稳定和友好的信息服务和信息系统平台，为构建全新的信息时代和智能社会提供坚实的基础。

第四节　碎片化时代的创新哲学

在信息时代，现代人的生活和时间越来越分散，时刻受到邮件、会议、出差、排队等事情的切割，时间变得越来越碎片化。面对这些碎片化的时间，我们需要什么样的创新哲学？

据说哈佛大学有句名言："人的差别在于业余时间。"也就是说，一个人的命运决定于晚上 8 点到 10 点在干什么。如果每晚抽出 2 个小时的时间用来阅读、进修、思考，或参加有意义的演讲、讨论，可能人生就会发生改变。但问题是，在信息时代，人的工作和生活方式也变了，想找到两三个小时的整段时间，已经不太容易了。相反，现代生活和工作却产生了大量的碎片时间。因此，我们说，人与人之间的差别不在于你的正常的工作和业余时间，而在于碎片化时间。

以大城市的普通白领为例，他们每天到底有多少碎片化时间呢？

每天交通时间约为 2 小时，每天排队（地铁排队等）时间约为 20 分钟，每天走路时间约为 40 分钟，刷牙、洗脸等生活时间约为 30 分钟，每天所有的碎片化时间总计约为 3. 5 个小时。

每天这么多碎片化时间蕴藏多少价值啊。如果从时间用于工作产生的价值角度来衡量，这些碎片化时间的价值因人而异，因为每个人的时间产出价值不一样。企业家们早早就看中了此处的商业空间，而进行了很多的商业创新。

碎片化时间的商业创新，可大体分为两大类。

一是压缩碎片化时间的商业创新。

银行、医院等可以量化要设多少个柜员、要设多少自动挂号机才能在投入和客户满意度间取得平衡，尽力减少客户的碎片化时间。可以说，一个银行减少了客户多少碎片化时间，它就比其他银行多产生了多少的客户价值，而这些都会转化为客户的支付意愿而最终增加银行收益。

更进一步，在移动互联网时代，可以进行网上手机挂号、手机银行网点挂号、手机买电影票、手机航空选位等，这些都是对碎片化时间价值套利的较好创新。

二是转换碎片化时间为有效时间的商业创新。

另一种创新思路是转换碎片化时间为能带来效用的时间，这样，碎片化时间就有可能转化为销售时间。如在海底捞排队，各种饮料、美甲服务、棋牌等让你等很久都不觉得无趣；又如在新加坡机场，候机也是一种乐趣因其休闲、各种游戏、抽奖、按摩、影院应有尽有。

总之想象力有多大，市场就有多大，思维和模式就有多创新，我们甚至可以利用碎片化时间开展新的社交模式。如排队交友等社交软件，同样来去匆匆，同样在排队的你和他，没准能成为驴友、知己、合作伙伴。

无论是企业的服务创新还是个人的努力，碎片化时间都应获得相应的价值回报。对于企业来说，要不断挖掘客户价值，不断满足客户价值，满足客户未被满足的精准需求，同时善于整合和嫁接资源，并将整合的资源形成有价值的生产力。此外，企业要积极构建多个竞争力，形成核心力群组，才能形成有效竞争力，在同对手企业竞争时，企业必须敏锐感知外界环境的变化而并能随环境的变化而自我调节，形成生态运营系统，才能超越竞争对手。对于个人来说，现代人不仅要利用好自己的碎片化时间，而且要学会从“碎片化现实”角度去思考，这样，你才会变得尊重别人的时间、尊重价值、尊重体验。

第五节 5G 时代的博弈与创新

在碎片化的时代里，手机成为人们须臾难离的工具。从 2G 到 3G，再从 3G 到 4G，手机上网的速度越来越快，5G——第五代移动通信技术正呼啸而来。中国目前不仅有华为这样的公司在研发上保持激进的速度，国家在整体战略上也为 5G 提供了巨大的市场空间，比如“一带一路”倡议等。

5G 是什么？在 3G、4G 和 5G 等名词中，G 是英文单词 generation（第 x代）的缩写。因此，5G 就是第五代移动通信技术。

在移动通信领域：第一代是模拟技术；第二代实现了数字化语音通信；第三代是 3G 技术，以多媒体通信为特征；第四代广泛应用的 4G 技术，其通信速率大大提高，进入无线宽带时代。

当 5G 来临时，它与 4G 的速度不在一个数量级上。举个例子，用 4G 网络下载一部高清电影可能需要 10 分钟左右的时间，用 5G 网络可能只需要一分钟。正是因为有速度上的优势，所以未来 5G 网络可能不仅仅会应用在手机通信上，还有可能大规模应用于物联网等新兴领域，5G 的优势不仅体现在速度上，我们可以想象这样的未来场景：

一位外科医生搭乘通过 5G 网络操控的无人驾驶出租车，前往火车站，在时速 500 千米的高铁列车上，他用 6 秒下载了一部 2G 大小的高清电影到手机中观看。途中他接到医院通知，要遥控千里之外的机器人进行手术，通过 5G 网络，手术完成得干净漂亮，机器人没有任何延迟……无人驾驶汽车、高铁列车上网、远程医疗，这位医生通过 5G 网络实现了“联通一切、控制一切”。

5G 网络无疑是实现“万物互联”的关键技术，世界各通信行业巨头都在 5G 技术研发上力争“先发制人”，当前，全球多个国家和地区都在积极争夺 5G 的控制权，都制订了明确的计划去争取尽早建成高水平的 5G 商用网络，以便在全球 5G 产业链中占据优势。目前，美国、欧盟、中国均提出计划在2019年下半年展开5G网络商用部署。

从历史来看，移动通信一直是国家关键基础设施和经济增长新引擎，也是科技革命和产业变革的重要驱动力，很多发达国家都将移动通信视之为“构筑竞争优势的战略必争地”。过去像美国、日本、韩国以及欧盟很多发达国家和地区，都是依靠移动通信实现和保持了领先优势。中国通信产业克服了技术、产业、组网、测试、组织机制五大挑战，突破重大核心技术，提出并主导TD－LTE（无线通信技术）国际标准，实现了全产业链的群体突破，并在全球广泛应用，实现了中国的移动通信“从边缘到主流、从低端到高端、从跟随到领先”的历史性转折。TD－LTE成为国际主流4G技术，在数十个国家部署了上百张商用网络，实现了全球广泛应用。

由于5G标准尚未达成一致，各种相关设备数量还有限，5G网络在全球范围内的部署依然面临巨大挑战。未来5G领域的标准之争除了取决于技术和市场的选择外，更是国家利益的博弈。要根据国际电联公布的5G时间表，5G技术方案征集和标准制定将在2020年前完成，各国相对完整的技术标准提案要在2018年6月30日前提交，如今在5G标准制定及部署上，世界各国正加快行动。

而在国家利益的基础上，全球顶尖的通信企业也加入到这场对5G的争夺战中。中国企业也成为国际同行不可忽视的竞争对手。在业内公认的未来5G几个主要技术方向上，华为、中兴、大唐电信等中国企业在大规模有源阵列天线、超密集组网、新型多址技术、多技术融合介入、控制面和业务面分离等技术上具有优势。5G的研发在某种程度上是一个技术博弈的过程——在敲定技术规格时，大致有三条路线可选，但大家都不知道最终哪条技术路线会胜出。比如思科押宝其中一条，而华为的做法是在所有技术路线上都做研发。

但在这重要的节点上，全球第四大手机生产制造商中兴通讯遭遇“黑天鹅”，被砍掉所有的技术来源，极易错过5G布局的最佳时期。在2018年4月16日晚间，美国商务部对外宣布，因中兴通讯违反美国的相关规定，从而“禁止美国企业在未来7年之内向中国电信设备制造商中兴通讯销售元器件和技术”，这项美国对中兴通讯的“最严制裁禁令”，自美国时间 2018 年 4 月 15 日起开始生效，直到 2025 年 3 月 13 日禁令才得以解除。

禁令发出后，中兴对美国的严苛禁令表示不满，但硅谷的科技公司已经在执行这项禁令，跟大部分手机厂商一样，中兴绝大部分芯片来自外部供应，尤其倚仗美国公司，禁令可能使中兴进入休克状态。后经中美两国政府及企业的深入谈判，美国政府与中兴达成协议，中兴认罚 14 亿美元，以换取解除阻止其购买美国组件的禁令，同时，中兴将聘用一个由美国有关部门选定的合规团队，如果中兴在未来 10 年内，任何时候被发现违反该协议，它将面临为期 10 年的美国组件禁购令。

美国在芯片行业的创新在前，所以我们目前受制于人。如果我们想在这个领域迎头赶上，我们需要提高的一是人才梯队。每一次的技术创新都是一些优秀的人才在一个一个节点上进行的突破。二是知识产权保护。只有用专利来保护知识产权的革新，创新的公司才能依靠专利来获取巨大的收益，这样才能持续地去创新。三是前瞻的研究和宽松的学术氛围。学阀与学术的近亲繁殖，不会产生创新。只有宽松的氛围，才有可能培育创新的种子。

历史的规律是，应用在哪里，哪里的技术就会发展起来。为什么美国的芯片产业那么强？因为计算机、智能手机都在美国率先发展起来。在中国，“大疆”无人机的崛起带动了一系列芯片设计企业的发展。“大疆”的图传芯片、GPS、电机、定位等都采用了自己的芯片，因为“大疆”愿意给国内 IC（集成电路）设计企业机会，而相应的国产芯片也成就了大疆的竞争力。

为了保证国家安全和全球芯片市场竞争力，中国的芯片产业必须立足走“自主知识产权”的创新发展之路。期望通过并购手段获得技术已不可行，真正的高科技是抄不来的。芯片的产业化要依靠商业规律推进，需要依靠无数百万年薪的顶级工程师，而不是把希望寄托在拿几千元工资、骑自行车上下班的老专家们的无私奉献上。芯片核心技术的创新与美国对中国的制裁，隐含着更深层次的经济、政治、制度上的内在原因。从经济层面看，中国作为一个新兴大国在追赶守成大国，中国 GDP 总量可能在 2031 年超越美国，成为世界第一大经济体，这必然引起世界秩序的变化。

除了大力推进中国芯片产业自身的发展外，我们也要密切关注全球芯片产业的竞争平衡性，因为芯片产业是一个“赢者通吃”“大鱼吃小鱼”的高技术壁垒产业，美国实现了对芯片产业链的控制，比如制造、知识产权控制、销售等，这种产业链的控制本身就是一种创新。如果打破这种局面，需要业界人士拿出更大的创新才行。

对政府来说，也可以通过出台优惠政策、设立国产芯片试点工程等方式推广国产芯片规模化应用；对于率先应用国产芯片的、应用国产芯片量占比大的企业，可给予一定的奖励，也可减免一定的赋税，等等。

5G 对社会的重要性是基于其深度与社会各行各业以及人们的生活工作密切融合，在某种程度上说，未来人人都将生活在 5G 网络上，在上面生活、学习和工作，工厂在上面生产，政府在上面实现管理和提供服务，5G 应用三大场景包括 3D 超高清视频等大流量移动宽带业务、大规模物联网业务及无人驾驶、工业自动化等需要低时延、高可靠连接的业务。因此，掌握 5G 网络，对于一个不想受制于人、希望长远发展的中国来说是极其重要的，不仅涉及高额的专利费和产业的主动权，而更在于国家安全和人民幸福。

在中国，信息高速公路也开始改变工业。以工业云、数字工厂、机器人技术等为代表的“智能制造”生产力，正在促进中国工业装备水平大幅提升。在信息高速公路的竞争中，中国从跟随到引领，随着中国综合实力的迅猛提升，不可避免地对美国在政治、经济、军事等诸多领域的全球优势带来挑战，其中也包括了决定未来竞争力的科技行业。美国对中兴通讯与华为两大电信巨头连续采取措施，也是意在遏制中国未来在通信领域占据更多的技术话语权。

然而，中兴的遭遇不仅给中国企业敲响了警钟，也让中国科技界进一步看清了目前在核心技术方面的差距。中国企业要走出目前技术集成商的尴尬境地，摆脱在核心技术被美国卡脖子的不利境地，只能继续投入 5G 通信、集成芯片、显示屏、人工智能、自动驾驶、云计算等核心技术与未来技术的研究与研发，打造自己的科技巨头。未来中国能否破解“缺芯”之痛？正确的心态是既不能妄自菲薄，也不能夜郎自大，要坚定自主化发展决心、保持战略定力，在不断创新的同时加大开放合作，实现芯片等多领域迈向产业发展高端。

幸运的是，中国政府在高新技术方面的扶持力度前所未有，在全球独一无二。中国的核心技术独立过程尚需时日，绝非一朝一夕之功，尚需戒骄戒躁、坚持奋进方能大成。对于中美贸易战，中国要有更大的气魄和格局，致力于开放、自由、共享、法治的市场建设，无论中资还是外资，公有制经济还是非公有制经济，都能便利投资，放心营商。如此努力不懈，则无论是外资的新黄金时代，还是属于中国的更大的未来，都一定会来。

第六节　一间共同的办公室

在信息时代，以移动化、社会化、云计算以及大数据为核心支撑技术的办公室革命正在发生。移动办公，让全世界只有一间共同的办公室，这间办公室可以是任何可以上网的物理空间，任何一张桌子都可以变成办公桌。

在传统的办公模式下，企业通常会根据业务需要建立多个独立的办公系统，这类办公系统基于 PC 端（个人计算机），无法满足外勤人员办公设备的便携需要，以及紧急事务快速处理的需要，因而造成信息处理和反馈的不及时。为保证即时通信，企业只得选择微信、QQ（腾讯）等社交软件，员工工作和生活难以分开，企业的信息安全也无法得到保障。

远程移动办公是以移动终端为载体，以客户为中心，借助信息技术和电子化手段从事办公的活动，也称为“3A 办公”，指办公人员可以在任何时间、任何地点处理与业务相关的任何事情，移动办公者无论是在家里、在公司、在客户办公室抑或是在咖啡馆等公共场所，只要他们有笔记本电脑、平板电脑、智能手机，能够方便地连入互联网，便可完成工作任务。

移动办公是高速发展的互联网与技术办公相结合的产物，这种办公形式不在乎时间、地点、区域，让人们办公更加方便快捷，不拘泥于办公室的具体形式，可以把所有的场所都当成是自己的办公室，随时随地都能工作——我的电脑（或其他智能设备）就是我的办公室。

移动办公可以有效改善办公环境和简化机构之间的沟通方式，并可实现远程移动办公，协同办公不再受地域和时间的限制，可以随时随地办公。可以说，任务协作是企业移动办公当中的高频场景，仅依靠传统管理软件无法实现企业内外部的及时沟通，但因为以个人社交 App（应用程序）进行工作交流存在一定的安全隐患，且存在将工作和生活混为一谈的弊端而常为人诟病。基于内置的企业通讯录，移动办公平台既可以实现文字、语音等多种形式的即时通信，又可以方便快捷地发起电话和视频会议，解决了企业办公中的沟通难题，全面提升了工作效率。

与此同时，移动办公平台将企业邮箱、企业网盘、知识管理等功能从 PC 端迁移到移动端，能够有效促进团队之间的有序协作，增强企业执行力。

目前，移动办公向业务处理纵深发展，为企业创造直接价值。企业的移动办公需求已不局限于任务协作和行政办公，开始向生产、经营等与业务强关联的领域迈进，因此移动办公平台也开始越来越多地同企业业务系统对接。通过在移动端处理各业务事项，移动办公平台不仅能够从管理层面带来效率的提升，更能够从业务层面为企业创造直接的价值。移动办公平台上的业务处理并不仅是对传统业务管理系统的简单迁移，更需要从交互体验、数据安全、平台架构等多个维度进行调整，以实现业务处理的全面移动化。

自中国政府工作报告中首次提出“互联网 +”行动计划以来，各行各业各领域都在加速同互联网的融合。良好的政策环境，为移动办公良性发展创造了环境。移动办公作为“互联网 +”时代下企业办公的新形式，能利用云计算和移动互联网等技术降低企业信息化门槛，提高企业经营效率和水平，打造开放平台，建立协作共赢的云服务生态。

应该说，移动互联网应用条件成熟是移动办公发展的必要基础，移动办公也正与当下互联网设备轻量化的需求相契合。现在，使用手机上网的用户比例越来越高，使用笔记本电脑和台式电脑上网的比例逐年下降，智能手机等移动设备的功能越来越完备，让其定位不再限于通信和娱乐工具，而在商务和办公环境中也开始得到广泛应用。90后是当下企业员工中的生力军，他们对移动终端具有高度依赖性，弹性而灵活的移动办公将更适应新时代的管理方式，这或许代表了未来的办公趋势，值得志在创新的企业从中捕捉商机。

第七节　中国信息生态与优化

随着信息技术的发展，信息环境已成为人类赖以生存的重要信息空间，其生态问题备受人们的关注。随着网络普及的加快，与信息技术相关的各类问题也逐渐凸显出来，如信息产业中的信息失衡、信息堵塞、信息泄密、信息破坏、信息侵略、信息垃圾、信息冗余、信息失真、信息误导、信息错位等问题。面对这些信息安全问题，专家们做了大量的理论研究工作，并提出了相关的优化方案。

作为多行业应用的幕后软件英雄，东华软件是中关村创新发展热土上孕育出的代表性企业，对中国信息技术的优化也做出了不凡的贡献。东华软件以应用软件开发、信息系统集成、信息技术增值服务三大核心业务能力为主，不断开启软件企业的国际化之路，针对利用式创新和探索式创新并重的研发需求，东华软件采用内生式和外延式并举的发展战略，成绩斐然。

基于信息与生态的相似性，生态学的相关理论被引入到信息学科中。信息生态环境不等于“信息＋生态环境”，信息生态环境作为一个合成名词，并不能简单地理解为信息和生态环境的结合体，也绝不是信息在生物生态环境的直接替代。信息生态系统具有三大原理：金字塔原理、水土原理和杠杆原理，能帮助我们理解信息生态系统各层次、各结构之间的深刻联系与内在关系。

先来分析金字塔原理，它主要指信息生态中各层次之间呈现金字塔的形式。在这个生态中，“端”“管”“云”呈现数量或规模，呈逐级递减趋势。在大自然的动物生态链中，食物链每升高一个层次，有机物质和能量呈现逐级递减的趋势。食物链的层次越多，生物能量转换效率越低，处于食物链越高层次的动物，其相对数量越少；相反，处于食物链越低层次的动物，其相对种类和数量越多，生物能量越多，这就是动物生态链的数量金字塔和能量金字塔的特点。

自然界遵循弱肉强食、优胜劣汰的自然法则。一方面，草为食草动物准备了充足的食物，食草动物又为食肉动物提供了丰盛的美餐，所有动物和植物又成为人类的盘中餐。另一方面，同层级动物之间为了争夺水源或食物会大打出手，甚至同类相残。

自然界是相互制约、相互依存的世界。虽然森林之王天下无敌，但是它们繁衍后代的能力差，数量很少。弱小的食草动物处于饱受欺凌的地位，但是大自然赐予它们广阔的草原和丰盛的食物，它们繁衍后代的能力也极强，无论数量还是种类都远超食肉动物。

信息生态具有与自然界类似的特征。随着营养层级递增，信息流逐级减少，位居底层的信息先后经过采集、传输、加工、再生的层层筛选和提炼后演变成知识，知识就是稀缺资源，也是获取暴利的来源，因此企业进入门槛高，企业数量很少。相反，随着营养层级下移，信息流变得充裕，企业潜在生存空间大，进入门槛低，企业数量较多，竞争充分。

再来分析水土原理，它是指信息生态系统中，制造与服务的关系对应“土”与“水”的关系。从食物链的关系看，陆地生态链成链状营养关系，这一点与信息制造业的垂直供应链关系相似。而海洋生态链相互交错，成网络状营养关系，信息服务的网络结构与其相似。无论从门类、数量，还是从食物链层级来看，海洋生态系统都比陆地生态系统更加复杂和丰富多彩，这一点与信息服务的业务形态和发展空间远比信息制造更多元化、更多样化相似。

信息制造是“土”，信息服务是“水”。“土”是生态系统的生根落脚地，没有“土”的平台支撑，水只能以空气形态存在；反过来看，“水”是生态系统的生命之源，没有水的滋润，土只能成为没有生机的荒原。“土”强调规矩和标准，体现集中、专制的格局特性；而“水”强调扁平和包容，体现多样化和多元化的格局特性。

最后我们来看杠杆原理，它是指“云”“管”“端”三者形成杠杆效应。单位信息处理的成本和单位信息传输的成本越低，杠杆效应就越大。“云”和“端”好比杠杆的两端，支点是带宽，云计算的处理成本和带宽传输速度共同决定了杠杆效应比。杠杆效应的实质是，单位信息处理成本持续下降，导致“端”的规模横向扩张和应用种类的纵向延伸，规模和应用种类的扩张速度将数倍于成本下降的幅度。

“云”是整个信息生态链的大脑，犹如人的大脑一样，控制着全身的有机循环；而“端”是信息生态链与外界的交互环节，就像人的五官四肢，可以通过听、说、看、闻、触摸等方式实时采集数据，“云”和“端”的关系正如同人的大脑和双手的关系一样，人的大脑不仅仅操纵着双手，还有脚、眼睛、鼻子……越是好的“大脑”，越是能控制更多的“器官”（犹如终端），因而我们认为从中期和长期来看，无论是“云”的智能能力，还是感知层的应用前景，都将拥有较高的成长性和广阔的市场空间。

在信息生态里，网络信息交流障碍，是因为网络信息生态环境的失衡和网络信息交流过程中其它因素。因此，信息生态里相应的优化对策，包括调整信息生态平衡，提高信息人员素质，提供创新的服务方式，加强网络信息技术等。

第八节 微信与 Facebook 的“社交”创新

电子邮件这个互联网的骨灰级应用，今天仍然有着强大的生命力和不可替代的作用。跟 QQ 不同，电子邮件就像电话号码一样，不需要互加好友，只要知道对方的邮箱，就可以彼此联系上。现在的邮箱具有很高的反垃圾邮件的能力，已经可以滤除绝大部分垃圾邮件，这保证了电子邮件的可用性和效率。但是，在中国，大多数人并不将电子邮件当成一种联系方式，如果一个人问你："方便给个联系方式吗?"其实他们真正想说的是："方便加下微信吗?"

2011 年年初，由张小龙所带领的腾讯广州研发中心产品团队所打造的微信问世，这是腾讯公司推出的一款免费应用程序，为智能终端提供即时通信服务。在腾讯手握数亿 QQ 用户，坐拥网络社交帝国宝座下，微信为腾讯顺利拿到 PC 互联网向移动互联网转移的船票，并一定程度上巩固了腾讯在移动互联网时代的地位。

2011 年 1 月 21 日，微信上线，那张孤独的蓝色星球画面开始进入人们手机里，微信在前 3 个月表现平平，每天用户增长只有几千人。

2011 年 11 月，微信进入爆发期，日增用户峰值达到 20 万。

2012 年 3 月，微信上线 433 天，用户突破 1 亿!

2012 年 7 月，张小龙在腾讯的演讲中提出一个概念：微信是一种生活方式。微信现象级的崛起，也带动了一批围绕微信的创业项目。

七年时间里，微信这个超级 App 已经生长为森林，无数生物寄居其中，微信活跃用户已经突破 10 亿，微信也为腾讯公司带来了充足的持续收入。

"微信之父"张小龙在一次内部演讲中说："你去感觉现在社会流行一种潮流，或者人群流行一种潮流，像潮水一样往某一个方向走。这种暗涌，就是最前沿最具革命性的东西。"他建议，一个人至少应抽出 30% 的时间去接触其他的一些东西，那是你将来创新灵感的诞生地，你会学到更多工作上的、技能上的能力。

他曾在《微信背后的产品观》中谈到信息时代的创新，他认为一位职业经理应该具备以下能力。

第一，敏锐感知潮流变化。移动互联网产品会从相对匮乏时代进入相对富足时代，用户可以选择的产品会日渐增加，产品终将成为一种时尚业。产品经理若是沉溺于各种新鲜事之中，追逐新奇，很可能错过真实的时代潮流，无法把握人群的真实需求。

第二，放弃理性思维。信息时代的最大特点是变化极快，传统的分析用户、调研市场、制定产品规划等，在新时代里已经落伍。人类群落本身也在迁移演变，创新更应该依靠直觉和感性而非图表和分析。职业经理永远都应该是文艺青年，而非理性青年。

第三，海量的实践。没有任何人可以自称是领域内的专家，通过大量实践才能拥有解决问题的能力。

第四，博而不专的积累。美术、音乐、阅读、摄影、旅游等文艺行为，貌似不能直接转化为生产力，但创新需要广博的知识储备，以此才能了解和认知大数量的人群，理解时代的审美，让自己的所思所感符合普通人的思维范式。

第五，负责的态度。拥有合适的方法论和合适的素养，清楚地知道自己究竟要做什么，按照自己的意志不变形、不妥协地执行创意。

应该说，微信的核心依然是即时通信功能，但腾讯却在原本单一的功能上不断添砖加瓦，让微信成了一个集支付、预约、购票、通信、打车、视频聊天和游戏等服务为一身的超级移动门户。现在的微信，已经成了 Facebook（脸书）、Twitter（推特）、WhatsApp（瓦次普）和 Zynga（社交游戏公司）的终极结合体，但 Facebook 想在几年内成为“美国版微信”，恐怕有些不太现实。

2004 年的 2 月 4 日，小有名气的哈佛大学学生扎克伯格发布了一款名为 The Facebook 的小型社交网络，这个网络是 Facebook 的前身。后来，这一社交网络拓展到人人可及的社交网站，再之后是一个可开发、可做商业拓展的社区。今天它是一个开源性极强的全球平台，无论 Facebook 怎样发展，它的使命都是：连接每个人，并通过 Facebook 这个平台组织活动。过去可能这个平台只用来社交，但现在它的功能包括社交、新闻、游戏、工作、商业推广等，甚至可以说，Facebook 的终极目标就是做人类活动的组织者。在科幻爱好者眼中，Facebook 希望打造的是这样一个世界：摆脱对智能手机、平板电脑、电视以及任何其他屏幕的依赖，让计算机信息直接输入我们眼中，而大脑则能够在需要时直接打字。

Facebook 不再是一家社交媒体，过去几年，Facebook 已在人工智能、虚拟现实、无人机领域广泛布局，这一切的背后都让我们看到扎克伯格对社交巨人未来发展的思考。但扎克伯格和他的公司长期以来被低估甚至唱衰，“Facebook 不可能走出哈佛大学”“Facebook 在精英群体里不可能成功”“Facebook 无法打败 Myspace”“其业务发展无法支撑高估值”“当移动互联网来临时，Facebook 就要面临失败”……类似这样的声音长时间出现在媒体版面。

但 Facebook 凭借不断地创新，持续成长。目前，Facebook 月活跃用户数达 20 多亿，占世界人口的 1/4。Facebook 还试图继续向印度、非洲等新兴市场进军，通过优化低网速下的用户体验和推出自有网络运营服务，来获得更为庞大的用户群体，这些庞大用户群体一直是吸引众多广告主的最大优势。

交流、折腾、试错、迈出舒适区是 Facebook 工作的常态，作为一间国际大公司，仍然每天以创业般的态度面对机会和挑战。Facebook 的员工们玩出了持续不断的产品创新，用户和营收连同股价一路高歌，蝉联各个“最受雇员欢迎公司”的榜单。截至 2017 年，Facebook 营收 400 多亿美元，公司市值约 4600 亿美元。

但在 2018 年 3 月，Facebook 却卷入了一起“用户数据泄露”丑闻。Facebook 承认，英国数据分析公司 Cambridge Analytica 在 2016 年美国总统大选前，违规获得了 5000 万 Facebook 用户的信息，并成功地帮助特朗普赢得了美国总统大选，欧盟、英国纷纷作出强烈回应，要求对数据泄露事件进行调查。

2018 年 4 月 10 日，扎克伯格在美国国会听证会上，面向 44 位来自美国参议院商务、科学与交通委员会和参议院司法委员会的参议员们，就持续发酵的 Facebook 数据泄露事件进行陈述和回应。扎克伯格在质询中再次对 Facebook 数据泄露事件表示道歉，并回答参议员关于 Facebook 数据隐私、假新闻、对大选的影响、垄断等问题。

也许，每一个快速成长的科技巨头都有可能面临类似的危机。对于Facebook来说，如何渡过这一难关，将最终决定它的长远未来。

第九节　中国企业创新典范——小米

小米上市是2018年最大的IPO（首次公开募股），作为过去8年全世界最成功的公司之一，小米拥有大量的用户和粉丝，上市也被寄予厚望。雷军主导下的小米，成为中国企业的创新典范。2018年6月初，小米在美国举办了首个综合产品展示日，在中兴、华为受挫之后，创新的小米依然在积极寻找进军美国市场的机会。

小米作为中国制造崛起的典范，在产品方面具有高性价比、产品迭代速度快的优势。以小米手机为例，除了在发布初期以外，基本上每年以3款以上新机型的速度进行持续创新。从收入看，2017年小米营收总收入为1145亿元，其中手机销售额806亿元，智能终端和生活消费品销售额234亿元，互联网服务销售额99亿元。实际上，小米是披着手机公司外衣的创新型公司，走的是软硬结合的商业模式，硬件和软件缺一不可。

最早推动"软硬结合商业模式"的是苹果公司，苹果真正的竞争护城河是其IOS系统、整个软件服务和iCloud，使用户脱离苹果生态圈的成本越来越高，有了这些软性的服务黏住客户，苹果在手机端才有了定价权，所以这个世界上才会有两类手机：苹果手机和非苹果手机。

小米在商业模式上和苹果有异曲同工之处，不仅仅有小米手机作为硬件，还提供自己的系统、云端服务，以及互联网软件应用。相比苹果，小米的创新优势在于，小米是以成本价卖硬件（当然，今天小米的硬件手机是盈利的），然后通过用户的软件付费来赚钱，而且基于小米的软件操作系统，衍生出了一系列其他的硬件产品。小米的创新模式可简单理解为：通过低盈利高性价比的核心品类引流，扩大极富竞争力的品类提高用户黏性，通过互联网服务盈利。

2011 年，小米一代问世，通过强调高配置低价格的发布会，在当时形成了较大的轰动效应，并辅佐饥饿营销的模式，只在品牌官网发售，形成小米品牌在初创阶段的引流模式。小米的崛起，引爆了整个移动互联网的流量红利。整个中国的人口红利在于长尾人群，这些人对性价比特别敏感，而小米手机的高配置低价格完美符合他们的需求。

而2016 年开始，小米加大营销投入，首次请明星为其手机产品代言，并大量投放线下广告，甚至大幅增加分销商数量，这也意味着，随着智能手机普及高峰的逝去，手机这一核心硬件的新流量开始变贵了，但小米以手机为渠道，将不同阶段的创新思维运用到极致。小米自成立以来，就有很强的互联网基因，对于渠道价值和其弊病理解得很深刻，所以小米以手机为渠道，打造其商业帝国。

通过多年的耕耘，小米已经有了近 2 亿的 MIUI 系统月活用户，而且从一个小米手机用户的角度看，黏性很高。特别是小米云端服务，让用户所有的通讯录、照片存储、个人信息等都保存在小米云。老用户不断沉淀，新用户慢慢增长，小米在用户端实现了一种“复利”。

一旦以手机为渠道的模式有了规模效应，用户就可以在小米手机端来购买大量的小米商品，这等于小米“自建渠道”，去掉了传统的中间环节，使各种小米产品不需要很高的毛利率依然能够盈利，让利给客户。同时小米开始扩张其线下体验店，能够让用户对其各类电子产品进行体验，而小米的线上商城已变成了一个多品类渠道。

企业产品竞争战略主要分为低成本战略和差异化战略两种，小米主要实施低成本战略。在该战略导向下，小米主要通过三种创新方式实现高性价比：一是通过简约化设计，剔除不必要的功能，实现产品标准化，从而降低生产成本；二是规模效应；三是提升良品率。

小米在低成本战略下，产品的扩张品类主要有手机周边产品、智能硬件、生活耗材三种：一是手机周边产品：与核心硬件产品配套性高、单价低、中低端市场竞争不充分且无领先品牌的产品；二是智能硬件：如智能音箱或无领先品牌的硬件；三是生活耗材：各类生活消耗品。

优秀的商业模式大多具备可复制性，为其未来增长带来较大想象空间。小米在海外市场扩张迅速，收入占比已达到其整体收入的28%，海外市场是其近期重点发展目标。智能手机方面，小米在全球已进入70多个国家和地区的市场，并在15个国家销量位居前五位。新兴市场消费群体特征与小米的目标用户定位最为接近，是小米目前重点发展的海外市场，如小米手机在竞争激烈的印度市场销量份额已达27%，排名第一。在这一市场，小米凭借创新的营销方式和品牌战略，用在线渠道优势和具有竞争力的价格取得了胜利。

但在整体新兴市场中小米手机仅占7%，还有巨大的提升空间。

小米的每一次创新，都意味着它对潜在未知市场需求的试探。小米有着极致的互联网思维和创新基因，这与雷军是分不开的。我和雷军相处了十几年，有着兄弟般的情谊。现在他是一位深受业界尊敬的企业家，可他的成功始于自己不懈地努力和不停地奋斗。在一次我主持的论坛上，雷军发自肺腑地说“企业家真不是人干的”。虽有抱怨的意思，却说出了企业家群体的心声。小米以及所有的企业都是在困难中生存的，这也许就是雷军将小米的产品定位为“感动人心，价格厚道”的原因吧！小米承诺，未来硬件的毛利率永远不会超过5%，给用户永远提供极致的产品体验和超高的性价比，将用户放在第一位。对于这样的企业家们我们必须给予尊重和支持。

无论如何，小米和雷军已经铸就了伟大，这是一个最好的时代，这是一个创新的时代。小米的成功，再一次说明对企业来说，创新才是核心原动力。

第十节 中关村创新

中华民族是富有创新精神的民族。我们的先人们早就提出：“周虽旧邦，其命维新”“天行健，君子以自强不息”“苟日新，日日新，又日新”，可以说，创新精神是中华民族最鲜明的禀赋。在数千年文明发展进程中，中华民族创造了高度发达的文明，发明了造纸术、火药、印刷术、指南针，在天文、算数学、医学、农学等多个领域创造了累累硕果，为世界贡献了无数科技创新成果，对世界文明进步影响深远、贡献巨大，也使我国长期居于世界强国之列。

但在近代中国却落后了。如今，以十一届三中全会为标志，中国开启了改革开放历史新征程。从农村到城市，从试点到推广，今天中国已经成为世界第二大经济体、第一大工业国、第一大货物贸易国、第一大外汇储备国。中关村也从电子一条街，一步步跋涉至此，成为中国最具创新活力的地区之一。中关村从一条普通街道，变为国家创新的起点，从改革试验田成为商业创新和个人创业的图腾，这是众多精英筚路蓝缕的努力，更离不开中关村海纳百川的胸怀。在近现代的中国发展之路上，它更像是引领者、领跑者、探路者。

作为中国第一个国家级高新技术产业开发区、第一个国家自主创新示范区、第一个国家级人才特区，也是京津石高新技术产业带的核心园区，中关村科技园是我国体制机制创新的试验田，被誉为“中国硅谷”。发展至今，中关村不是一蹴而就的，它的成长史不仅仅是一部科技园区成长史，更是一部创新史、一部政策变迁史、一部技术发展史、一部人才成长史。但又不仅如此，中关村还有更多创业维艰的成长，更多兢兢业业的园区管理服务，值得人们记忆。

中关村起源于20世纪80年代初的电子一条街。如果说硅谷的关键人物是“晶体管之父”肖克利，那么中关村的关键人物名叫陈春先。在1980年10月，中国科学院物理研究所研究员陈春先与6名科技人员一起，成立了北京等离子体学会先进技术发展服务部，拉开了科技人员面向市场、自主创业的序幕。1984年前后，中关村地区多了一批“下海”经商的科技人员，他们通过创办民营科技企业的方式，探索科技成果转化为生产力的途径。到1987年，近百家科技企业聚集在中关村大街，这一区域被人们称为“电子一条街”。

1988 年 5 月 10 日，国务院正式批准《北京市新技术产业开发试验区暂行条例》，规定以中关村地区为中心，在北京市海淀区划出 100 平方千米左右的区域，为北京市新技术产业开发试验区的政策区范围。经过 11 年探索经营后，1999 年，中关村进入了一区多园的扩展时期。

到 1999 年 8 月 10 日，北京市政府发出通知，决定将北京市新技术产业开发试验区管委会更名为中关村科技园区管委会。从 1999 年到 2009 年，中关村科技园区总面积达到约 2. 3 万公顷，包括了海淀园、丰台园、昌平园、德胜园、电子城、亦庄、石景山园、大兴生物医药产业基地，中关村“一区十园”的空间格局形成。

2009 年 3 月 13 日，国务院发布文件，中关村科技园区被批准建设成为首个国家自主创新示范区，目标是成为具有全球影响力的科技创新中心，中关村创新示范地位上升至国家层面，进入高速发展时期。2012 年 10 月，中关村形成一区十六园的空间格局。

2017 年 4 月，中关村管委会出台“1 + 4”政策支持体系，即重大前沿项目与创新平台建设一项精准支持政策和创业服务、创新能力建设服务、科技金融服务，和“一区多园”统筹服务等四项普惠性服务政策。

在中国谈创新，国人都看中关村。目前，中关村科技园区内有超过两万家企业，在各企业聚焦创新的时候，中关村上市公司群体成为创新驱动发展的典型，并且由于持续不断的创新，中关村成为中国独角兽企业最密集的地区，并且聚集了一批“前沿科技”独角兽，独角兽企业数量持续三年保持增长。

截至 2017 年，中关村共有 70 家独角兽企业，总估值达到 2764 亿美元，占全国独角兽企业数量的 42. 7% 和估值的 44. 0% ，是我国独角兽企业主要聚集区。其中，中关村还有 5 家估值超过 100 亿美元的超级独角兽，分别为滴滴出行（560 亿美元）、小米（460 亿美元）、美团点评（300 亿美元）、今日头条（200 亿美元）和借贷宝（107. 7 亿美元），它们的估值占中关村独角兽总估值的 58. 9% 。在这些独角兽中，阿里巴巴和腾讯两家机构在中关村布局独角兽数量最多，分别为 14 家和 11 家。两家企业共同投资了滴滴出行和 VIP KID，但二者在中关村的布局侧重点不同。阿里巴巴在技术服务领域布局更多，而腾讯在“衣食”领域见长。腾讯围绕“C端消费”领域布局了美团点评、口袋购物、每日优鲜等企业。

2017 年中关村的独角兽企业主要分布于电子商务、文化娱乐、交通出行、互联网金融和互联网教育五大领域，这五大领域的独角兽企业数占总体的60%。中关村还聚集了 12 家人工智能、基因组学、精准医学、区块链、新能源等领域的前沿科技型独角兽企业，分别是旷视科技、商汤科技、科信美德、集奥聚合、金山云、百望云、寒武纪科技、出门问问、诺禾致源、比特大陆、北汽新能源和腾云天下，从统计数据看，中关村前沿科技独角兽占全国数量的一半，引领了全国前沿科技的新趋势，是名副其实的国家级创新平台。

其实中关村是科学家和企业家的汇聚之地，而且企业家有科学家的精神和基因，很多企业家像科学家，科学家像企业家。如汉王科技的董事长刘迎建，率领企业在文字识别领域取得突出成就后，又在人脸识别、轨迹输入等领域创造奇迹，非常具有科学研究精神。

再比如“激光照排技术之父”王选，被誉为中关村中国原创知识产权的代表，是集企业家与科学家于一身的大师，没有王选，就没有北大方正；没有王选将激光照排技术转化为生产力，中国传媒业和印刷业就不可能在 20 世纪 90 年代掀起一场技术革命；没有王选，中国作为发明活字印刷术的伟大国家，就不可能在印刷领域再次领先于世界。

企业的成败在于能否创新，中关村良好的创新创业生态为独角兽企业成长提供了土壤，这得益于创新与资本双引擎驱动。300 多家中关村上市企业总市值已接近 5 万亿元，接近整个北京市 GDP 的两倍。入驻中关村的创新企业，有两个突出的驱动因素：一是高强度的研发创新投入，二是大规模的投融资助力。据了解，中关村上市公司研发费用已连续六年大幅上涨，增幅远远超过全国财政科研经费和北京市科技经费投入的增幅。

中关村园区的技术影响力、知识影响力和资本影响力，已经辐射到全国其他的地方。作为一个中国改革开放创新园区的最早的发起地，中关村到底有什么秘密呢？可以说，中关村的发展，政府是铺路人。

第一，中关村管委会成立时接受的指示是，探索中国的创新之路，不以 GDP 为核心。这是一个长期的目标和长期的战略，而不是短期的，实际上这个做法为中关村的长期发展，带来了良好的结果。

第二，在定位上，中关村管委会非常明确："我们是做服务，不是做管理。"中关村的管委会核心职责，一是打造有助于创新的要素，二是在各个要素之间建立关联，实际上是打造一种生态。中关村在政府政策层面的创新之处是要把市场资源的配置主体责任交给企业，让企业来根据市场需求配置资源。只有在市场失灵的情况下，特别是一些公共资源建设上，政府才出手。一旦市场恢复作用，政府就退出。

在政府这个铺路人之外，企业创新成为中关村发展的强大引擎，当前创新创业领域的新技术、新业态、新模式、新产业在中关村汇聚、碰撞、融合、共振，中关村科技园将引领创新创业趋势，掀起双创发展热潮，推动新动能发展壮大。

第十一节　政府管理创新

其实何止中关村管委会在创新，整个中国政府一直在创新中前行。企业毋庸置疑是创新的主体，但是在中国，政府也是创新的主体，政府以种种制度的创新，从根本上促进了全社会的创新，体现出来就是市场创新和政府积极帮助、支持企业的创新，最终发展了中国的市场经济。

可以说，政府是制度创新的主体，并不是市场的操控者。中国政府一直不遗余力地通过制度创新推动企业的自主创新。需要强调的是，中国持续推进的改革开放就是政府的最大创新。

真正的创新需要什么？有人认为，只要有一颗想要改变世界的心和丰富的想象力就行了，这样的想法太过简单，创新绝不是简单的创意游戏。其实各国对于创新的高度重视，是工业经济向知识经济转变的结果。在这种改变中，越来越多的小规模固定资产成为产业力量。与此同时，基于知识的经济体中要形成一个新的产业相对复杂，特别是初创阶段当供应链的不同部分试图形成连接的时候，需要国家的公共部门、社会组织、行业机构扮演创新的培育者。要培育创新，毫无疑问需要发挥创新者个人或群体的好奇心以及探索精神，通过教育、社会文化来鼓励创造性认知。在很多情况下，国家实际上主动扮演创新的培育者。例如在美国，许多重要领域使用政府采购的方式，鼓励国立研究机构和私营企业都加入新技术研发的行列中来。

中国政府对于创新的培育，一直不遗余力，企业界的大部分创新其实是中国政府的创新。政府用各种制度的创新来推动技术创新的发展。如国务院2018年5月印发的《进一步深化中国（广东）、（天津）、（福建）自由贸易试验区改革开放方案》，再次向世界宣示：中国开放的大门不会关闭，只会越开越大。自贸区制度创新的关键在于以负面清单为核心的外资管理制度创新，以便利化为重点的贸易监管制度创新，以资本项目可兑换和金融开放为内容的金融制度创新，以政府职能转变为核心的事中事后监管制度创新等。可以说，自贸区的制度创新，已经结出一串串硕果，并在全国各地激发出新一轮改革开放红利。

在政府创新中，政府不是“店小二”，而是最大的创新主体。各级政府正坚定不移地把创新发展战略作为核心战略和总抓手，政府作为创新发展战略的提出者、推动者和实践者，大力推动了社会各主体的创新发展，更重要的是要以自身的创新发展引领全社会的创新发展，并为全社会的创新发展提供良好氛围。

创新也是中国共产党的重要发展理念，位于“五大发展理念”之首，是国家主席习近平在科技领域讲话中谈及最多的话题之一。习近平曾用墨子的经典论述“力，形之所以奋也”，把“创新”比作中国现代化经济体系建设的“第一动力”。在科技领域，习近平指出要提供高质量科技供给，着力支撑现代化经济体系建设。以提高发展质量和效益为中心，以支撑供给侧结构性改革为主线，把提高供给体系质量作为主攻方向，推动经济发展质量变革、效率变革、动力变革，显著增强中国经济质量优势。

政府管理创新是在适应新环境与新形势的过程中，积极探索政府管理的新路径，从而有效配置社会资源和公共资源。税收减免、土地财政已不适宜中国新的发展需求，需要国家持续进行制度上的创新，当代和未来的中国制度创新，并不仅限于招商、引资，还将不断扩大到新的领域。例如，进一步深化自贸区改革开放，需要勇气和智慧在制度创新方面着力突破，将自贸试验推向更高水平、更深层次。

中国一直就是世界上重要的国家，只不过经历了两个世纪的战争和外来入侵，中国的发展受到影响。一旦中国内部问题得到解决，中国经济的回归就是自然而然的。中国丰富的历史文化、半个世纪的革命影响了全球的发展轨迹，毛泽东之后中国的政治转型表现出高超的艺术，带来了政治稳定和经济发展的奇迹，中国在创新上打破了外界对中国人故步自封的偏见，今天中国各级政府的管理创新，正以敬民之心行简政之道，满腔热情地为创新提供支持和服务，培育和尊重知识、崇尚创造、追求卓越的创新文化，让更多创新者梦想成真。

“大众创业、万众创新”激发了全社会的创新潜能，当前，经济结构性改革处在关键时期，创新被摆在国家发展全局的核心位置，推进开放合作，打造创新高地，用创新的翅膀使中国经济飞向新高度。

chapter four

第四章 电子商务

导语：有人说淘宝是一种生活方式，它的出现改变了传统的消费模式；也有人说，淘宝是颠覆者，它拓宽了消费的边界，重构了一个世界。淘宝模式的精彩在于，它建立了一个良好的社会商业生态系统，推动了中国商业体系的整体性效率提升和模式升级，这个进程早已开始，并稳稳前行。

第一节　互联网生活

互联网平台给人们的生活方式带来了巨大冲击，从生活到工作，人们的生活方式因为互联网而改变，我们中的绝大多数人都无法逃离互联网，它已经深深地嵌入我们衣食住行等日常生活之中。

同时，中国不仅仅受惠于互联网，还诞生出了一些在世界上很有影响力的公司。在 2017 年年末的世界前十大市值的公司中，中国已经占有两个席位，他们分别是腾讯和阿里巴巴。腾讯和阿里巴巴这样的互联网领军企业不仅自己的营收快速增长，同时还投资了数以百计的公司。曾有媒体统计了 BAT（B = 百度，A = 腾讯，T = 阿里巴巴）在过去五年的对外成绩单，发现这三巨头过去五年对外投资的总额已超过 7000 亿元，它们投资的公司涉及中国人工作和生活的各个方面，毫不夸张地说，如果要在生活中避开 BAT 和他们投资的公司，几乎绝无可能。

美国哈佛大学的网络社会研究中心和瑞士圣加仑大学的信息法研究中心协作，在研究网络化生存问题时提出一个新概念：数码原住民，即数码族。指的是 80 后、90 后甚至再年轻些的这代人，一出生就面临着一个无所不在的网络世界，对于他们而言，网络就是他们的生活，数字化生存是他们从小就开始的生存方式。

数字化生存的到来，除了改变了我们的生活方式之外，我们的工作方式也发生了变化。对于企业来说，数字化生存意味着技术驱动整个系统加速，这不仅仅是加速度的“量变”，更是底层商业和战略逻辑的“质变”。如果一个企业还在沿用工业时代的逻辑，还非常在意连续性、可预测性和线性思维；如果企业依然以工业时代的逻辑发展，那是非常危险的。我们必须接受一个真实的现实：数字化生存其实是数据、协同、智能这些要素碰撞在一起重构的商业系统，它是一个非连续性的、不可预测的和非线性思维的商业存在。

数字化生存真正的意义，就是一切将会被重新定义，包括你的生活、你所有的场景。整个商业逻辑变了，而商业逻辑改变当中最大的变化就是，价值创造和获取方式发生了本质的变化。

1951 年，爱因斯坦在普林斯顿大学给学生考试，考完以后他的助理很紧张地问：“博士，你为什么给这个班的学生出的考题跟去年一样，为什么给同一个班出同样的考题?”爱因斯坦很经典地回答说：“答案变了。”同样，如果我们比较工业时代和信息时代，你会发现它所有的东西都在调整，无论是环境、产品、市场、客户、行业，还是思维方式，所有的场景都在变。当所有的场景都在变时，一切都会被重新定义，在这一切都要被重新定义的时代，我们要关注的就不仅仅是怎样去改变的问题，恐怕是要怎样重构的问题。

对于企业来说，要构建“知识”驱动的组织。我们以前的转型是先从战略转型、业务转型、技术转型、产品转型去做，现在的转型必须先从组织转型去做。如果组织转型不能做的话，那么战略转型、业务转型、技术转型、产品转型根本做不到。所以，真正的改变的的确确是领导跟组织的改变。我们之前所遇到的事情，是一个你可以理解的事情，但是在今天来讲不是谈你理不理解，而是你必须接受的事实，这个改变需要一种新驱动来提升组织，以前是流程驱动或者资源驱动，但是今天的组织则是数字化驱动。知识驱动的组织中，最重要的是要求合作伙伴之间不是利益交换，也不是价值交换，而是知识链与数字流协同的交换，这也是完全改变了的。可持续性的价值创造必须是持续的优化和创新。

无论你愿不愿意，今天不存在与互联网无关的事物，一切都在拥抱互联网，开启它的数字化生存之路。

第二节　混沌与秩序

1994 年，互联网已经成型，但是还没有互联网产业或者企业的真正概念。到了 1995 年 8 月，在 Netscape（网景通信公司）IPO（首次公开募股）之后，互联网在国际范围内终于火力全开，野蛮生长，并先后诞生了如网景、雅虎这样的互联网公司。1995 年到 2000 年的互联网产业，其主要商业模式就是上市，以及通过媒体报道跟其他互联网初创企业的合作来提高股价。

自 1995 年开始，互联网之风来到中国，拉开了从混沌到秩序的过程。中国互联网发展的起点是“瀛海威”的公司出现，那时候互联网对于人们最大的吸引力是信息，围绕着信息的获取和消费，在国内诞生了最早的两种产品形态，分别是门户网站和 BBS（论坛）。门户网站的代表是新浪、搜狐、网易；BBS 的代表则是天涯、猫扑、西祠胡同以及各大门户网站下属的论坛。

那时，人们只知道互联网是个新奇、好玩的玩意儿，能够让你“足不出户就获取到全球资讯”，基本还没什么人会想到互联网上还能赚钱。在那时，中国能够上网的人本身就很少，如 1997 年，全国的拨号入网用户，才 25 万人。

1998 年是中国互联网一个里程碑式的节点，以此为节点，互联网迎来了第一次爆发与井喷，迎来了自己的第一个春天。因为在这一年，微软 Windows98 操作系统中首次全面集成了 Internet（因特网）标准，为更多家庭与个人能够接入互联网铺平了道路。同年，速度更快的上网方式——IS-

DN（综合业务数字网）开始普及，全国26个省会城市开始开通ISDN。

于是，在1998年前后，在互联网上发生了诸多具有重大意义的事件，两款具有划时代意义的产品出现了，一个叫OICQ（QQ前身），另一个叫联众。这两款产品几乎都是一经推出就在网民中间呈现出“爆发式增长”的态势，甚至在一定程度上进一步催生了互联网用户的增长，其中QQ的走红，更是“天时地利人和”的汇总。

从1998年到2001年，全国网民的数量几乎每年都保持着100%以上的增长率，随着网民数量的增加，互联网上的商机也终于涌现。业界人士开始意识到“原来互联网也能挣到钱”，并且开始有人理解到“网站的点击量和访问量是决定一个网站价值的关键”，于是“流量”概念登上舞台，在这一时期内的用户获取，相对仍然是无须太多操心的，这仍然是中国互联网发展过程中的红利期。

从2001年至2005年，在互联网的竞争秩序中，网游开始兴起并持续火爆，以淘宝为首的电商也开始飞速发展，伴随着网民数量的飞速上升，整个行业对“流量获取”越发重视。在1999年年底，当当网成立，开辟网络图书销售平台。2000年，雷军参与创办的卓越网上线并开始运营。2003年5月，阿里巴巴旗下的淘宝网上线，并在当年年底推出了第三方支付工具支付宝，当年即完成了3400万元成交额，并渐渐发展成为国内最大的电商网站。

在这一时期，整个互联网世界中用户越来越多，且涌入的各类信息和网站也越来越多，于是，从2001年开始，“入口”概念渐渐兴起，包括3721、百度等，都一度成为了某种流量和用户基数巨大的“入口”。入口既成，抢占“入口”就成为了诸多互联网产品必须重视的事情，于是，这一时期，围绕着如何能够让自己的产品和品牌在“入口”处获得更多的曝光和点击，大家开始各显神通，SEO（搜索引擎优化）和SEM（搜索引擎营销）开始进入人们的视野。

中国互联网从2005年到2009年，用户从1亿人增长到近4亿人，用户崛起。互联网代表平台变为博客、视频网站、P2P（对等网络）下载等。

在这一时期内，有大量 Web2.0（第二代互联网）型的产品诞生和兴起，比如说优酷、土豆、酷六等视频网站，再比如大量的 P2P 下载软件，还有豆瓣、开心网、人人网等 SNS（社交网络服务）社区等，他们都有一个共同点——“用户”才是创造内容的主角，而官方要做的更重要的事，则是管理和氛围的维系塑造。在整个中国互联网网民数量突破 1 亿人之后，“用户”们终于开始获得越来越多的话语权，尽情发挥自己无处释放的能量和创造力，让整个互联网世界变得更加丰富和精彩，拥有更大的可能性。

意见领袖和大众舆论的力量，开始渐渐压过甚至引领传统媒体，中国第一批“网红”诞生，大名鼎鼎的流氓燕、木子李、当年明月等风头一时无两。并且，整个互联网的生态开始逐渐真正从“封闭”转为“开放”。包括腾讯、豆瓣、开心网、天涯等在内的诸多 SNS 和社交应用都开始构建自己的“开放平台”，或是提供自己账号体系的“开放接口”，允许外部的第三方开发者调用自己的基本用户信息，并通过开放平台为自己来开发应用。

从 2009 年开始，中国互联网的重大关键性拐点出现，微博时代与移动互联网时代到来，互联网代表性的平台变为各类 App，微博、知乎、微信、团购等。2009 年 8 月，新浪微博上线，此后 2 ~ 3 年的时间内，凭借着自己此前在博客和门户时代积累下来的大量资源，以及微博本身“快速传播”式的产品机制，它以暴风般的速度席卷整个互联网，成为了互联网圈内最令人瞩目的产品，在微博巨大的向心力面前，几乎所有人都被卷入其中，从论坛时代的意见领袖和娱乐明星，到企业、政府机关和商业领袖，几乎无一“幸免”。而微博，也成为了这一时代最大的“流量”和“用户”聚集地。

智能手机的普及和“移动时代”的铺开，瞬间在互联网世界中开辟了一块全新的战场，它意味着原有的格局和用户习惯可能会被打破和重构，意味着很多全新的机会。于是在这个时代，无数人凭借着“移动互联网”时代的红利期和自己开发的 APP 大获成功，从植物大战僵尸到捕鱼达人，从辣妈帮到宝宝树，从陌陌到微信，纷纷在这一时间窗口内崛起。

2013 年至今，互联网代表平台变为微信、各类 O2O（线下的商务机会与互联网结合）产品，滴滴出行、今日头条、罗辑思维等。智能手机让人们拥有了一个可以随时随地帮助自己连接到互联网的终端设备，第一次让人们开始拥有了可以“连接一切”的可能性。微信的全面崛起，使一大批类似滴滴出行、美团这样的公司从中成长起来，成为新的估值百亿美元级别的巨头。微信的朋友圈与微信公号，开始成为了更加备受青睐的“流量入口”，随之而来的就是大量微信公众号运营商与“微商”的出现。

在“产品高度同质化，创新空间越来越细分”的今天，不同公司和产品之间的竞争，比拼的维度会更加丰富而立体，它可能既包括了传统的推广和获客，又包括了更加精细的用户维系，还包括了更多的创新内容，互联网平台从初期的混沌逐渐转向有序。

第三节　淘宝系

十几年来，中国涌现了大大小小众多 B2C（企业对消费者）、C2C（消费者对消费者）、团购、导购等不同类型的电商网站。它们伴随着中国经济几经沉浮，令中国网购日趋成熟，又因种种原因，它们成为中国网购发展史的明星或者流星。在以淘宝系为基础力量的开拓和建设下，中国的网购呈现出又一个网购发展的新阶段和新高潮。

阿里巴巴旗下的淘宝引领了全国电子商务购物潮，淘宝和天猫实现了令人瞩目的高速成长。这家多年前年交易额仅 1 亿元的电子商务网站，不仅实现了超过一万倍的规模裂变，更引领着商业模式创新之先河，改变了国人的消费习惯，并影响到生产、批发、零售等整个产业链。

2003 年 7 月 7 日，阿里巴巴正式宣布投资 1 亿元开办淘宝网。阿里巴巴集团在同年 10 月表示，淘宝网五年之内不会收费。

2003 年 10 月，淘宝网还推出了第三方支付工具支付宝。在中国电商界风起云涌的时期，淘宝网、当当、京东等网购平台群雄逐鹿。在中国电商初创的那些峥嵘岁月里，初创时期是诚信缺乏、信誉机制很不完善的大环境，其生存之本就是如何支撑起网上看不见、摸不到的商家的信誉。淘宝巧妙地创立了以支付宝和信誉评价为核心的制度，奠定了中国电子商务的根基。

2004 年，支付宝从淘宝网分拆独立，逐渐向更多的合作方提供支付服务，发展成为中国最大的第三方支付平台之一。今天，在移动支付领域，支付宝和微信占据绝大部分市场份额，是中国互联网行业最普及的第三方支付工具。

2004 年 7 月“淘宝旺旺”推出，承担着阿里系一切网络交易的沟通桥梁。

应该说，淘宝网一开始是作为阿里巴巴的一支轻骑兵出击的。发展到后来，除了衍生出跟 C2C 相关的业务与产品外，还逐渐裹挟了越来越多的阿里业务。

有创意、有头脑，什么都卖，以小时计的反应速度，这是很多中国人对于淘宝网的印象。互联网加快了信息传递，提升了想法成为现实的速度，越是卖家和消费者聚集的地方，它越是魅力非凡。“淘宝速度”不仅仅是互联网带来的商业信息飞速传播和快速响应，还在于同传统行业整个生产链条的打通和重组，阿里巴巴的淘宝成功地将实体供应链和基于互联网所产生的信息流合二为一。

2007 年，淘宝全年的交易额是 433 亿元，而 2008 年仅上半年，就超过 413 亿元；等到了 2017 年，这个数字已经突破 3.77 万亿元。今天用“购物平台”已不足以形容淘宝了，我们也许可以把它叫作“自循环和自生长的生态系统”，它连接消费者和各种不同角色的商家，将实体供应链和互联网信息流统一。同时，为支撑这巨大规模业务量的直接间接就业人员，目前已经超过几千万人，他们在此安居乐业并推动生态系统自我运转。据中国人民大学劳动人事学院课题组发布的《阿里巴巴零售电商平台就业吸纳与带动能力研究（2017）》报告显示，2017 年阿里巴巴零售生态创造就业机会总量高达3681万。

淘宝的创新举世瞩目。它不断甩出业务进行拆分，直到现在，它已把自己变“没”了，淘宝已成为阿里巴巴集团的一块丰厚土壤，而不再只是一颗果实。十几年来，淘宝完成了从一种产品、一种服务，到一个生态与平台的进化，从有到“无”，这是淘宝最大的成功。这个过程，不可能来自马云等人从一开始就有的设计，但是我们确实能体会到，阿里巴巴在这一过程中的不断创新，他们对业务、人事在不同阶段的收放与节奏安排，灵活有度，把小公司做大，又把大公司变小，把业务做成生态，让生态去哺育出更多的创新。

有人说淘宝是一种生活方式，它的出现改变了传统的消费模式；也有人说，淘宝是颠覆者，它拓宽了消费的边界，重构了一个世界。淘宝模式的精彩在于，建立一个良好的社会商业生态系统，驱动中国商业体系的整体性效率提升和模式升级，这个进程早已开始，并稳稳前行。今天的购物，纯电商将成过去，新零售引领未来，必将在消费端带来实实在在的融合新体验。

第四节　电子商务2.0时代

2008年，安卓操作系统发布，移动互联网时代正式拉开。移动对于PC的取代是摧枯拉朽的，不到几年的时间，用户的上网时间移动终端占到80%。而期间所有转身慢的公司，都成了这个时代的恐龙。PC端向移动端迁移完成，全民进入移动互联网时代。

历经七年的高速增长后，全球智能手机持有量接近20亿台。但智能手机的出货量增长放缓。2015年，全球智能手机出货量增长10%，而2014年这个数据是28%. 自2015年开始，智能手机用户的人口红利开始逐渐消失，重流量的时代也已经远去，与此同时，消费互联网也转向产业互联网时代，即电子商务的2.0时代。

在这个时代，行业巨头对于移动互联网的垄断能力正与日俱增。全球平均每部手机安装了 33 个 App，但用户日常使用的只有 12 个，每天 80% 的使用时间是花费在 Facebook、WhatsApp、Chrome（谷歌浏览器）上。在这样的背景下，近期的消费互联网市场，没有再和以前一样有成批的激动人心的产品出现，而新产品的增长，几乎无一例外地在社交网络和视频媒体上，有独特而高效的营销获客手段，搜索引擎的作用被逐渐弱化。

在中国互联网产业中，已经形成了三大巨头体系——BAT，它们掌握超级流量和用户，推出了各自的开发技术平台，掌握着多个涵盖社交、视频、电商、直播、短视频、动漫等内容分发平台，拥有成百上千的互联网工具和产品，几乎每一个网民都无法离开巨头们的包围圈。BAT 成为中国电子商务 2.0 时代的超级巨头。

除了用户数量的覆盖外，BAT 对于用户使用时长的侵占也是碾压式的，他们正在完成布局，开始收紧对于用户的控制。占普通人使用手机时长的产品里，据有关报告，只有今日头条、同花顺、搜狐视频和陌陌是非 BAT 的产品。

除了衣食住行外，产业互联网这一更加壮阔的大幕正在拉开。在中国，以工业类大宗商品为代表的众多传统产业，在历经了几十年野蛮生长的过程中，累积了众多顽疾，包括产能过剩、经销贸易环节繁复、行业数据缺失、信息极度不对称等，这些都极大破坏了产业的整体运营效率以及产业中各类企业的生存环境，导致了大多产业内的企业都在落后地利用信息不对称和有限的自身资源保守着现有利益。

产业互联网的本质是利用互联网改造传统产业结构，并提升各行业整体的生产运营效率，简化为“互联网 + 传统产业”。有意思的是，这些传统产业虽然是我们国家的经济支柱，但是在过去很长一段时期内都与互联网相隔甚远。

因此，产业互联网的规模可能远比人们想象的还要大。以目前较为火热的 B2B（企业对企业）行业来说，如钢铁、建材、化工、农业、电子行业等，每个都是万亿级，甚至是十万亿级的市场规模。以十万亿级的化工行业为例，其中石油化工、塑料化工、精细化工三个子行业都拥有万亿级的市场。因此，没有人会怀疑这些行业能够孕育出百亿级的平台型公司。

这些传统产业为市场准备了一个个令人兴奋的答案和数字，更是存在千亿级独角兽的想象空间，新兴的产业互联网平台是以极度开放和平等的互联网经典思维去服务于产业内的各类企业，提高了行业产销效率，建立了行业动态数据库，打破了行业信息不对称，使得平台能够以摧枯拉朽之势，迅速抢占市场交易份额，从而有望成为行业最大的交易平台。

如今的产业互联网依然处于爆发的早期阶段，无论是创业者还是投资人都在不断摸索、寻找规律和总结经验，因此必然存在许多未解的争论，也包含着各种博弈和创新，抓住时代的变化，创新是永恒的主题。

第五节　亚马逊的创新策略

在过去的100年里，我们从马车进化到喷气机，从信件进化到电子邮件，每一个成功的创新模式里都聚集着某些恒定的策略。如果我们将目光从中国转向美国，可以看到，在美国市场上，大而全的亚马逊模式以各种创新策略经历了市场的挑战，成为全球市值第二大企业，亚马逊的创始人贝索斯已经在2018年3月登顶全球首富。

苹果、亚马逊和谷歌作为美国硅谷三大科技巨头，目前市值分别为8580亿美元、7686亿美元和7202亿美元，其中亚马逊呈现高速增长态势，也先后追上了谷歌和微软，成为全球第二大公司。亚马逊的成功，有什么秘密?

1995年，互联网的所有欲望都涌向了“变”的诱惑力，新模式诞生，旧策略被抛弃。一切都在呼唤全新的思考模式，这一年，亚马逊上线。开始的时候并没有要建立一个平台，而是想建立一个更好的在线书店，这是超级垂直且超级有针对性的行为。

“百万图书，坚持低价”，这句看起来像是市场营销式的话，但它解释了为何亚马逊在所有竞争者都倒下之后，依旧屹立在市场上。亚马逊自始至终坚持着它固有的关切、丰富、低价，这种理念一直被保持了下来。在第一阶段，亚马逊只是一种产品，一个冲击消费者心灵、头脑和家庭的产品。亚马逊比任何实体书店都更容易理解、更便宜，并给用户提供了一个更好的选择。

当亚马逊获得用户，并占据了一定的市场份额时，扩张机会就会出现。所以，亚马逊开始出售所有的东西，并确保卓越的质量和客户服务，它从一家线上图书零售企业，逐渐扩张为全品类电商，打败了沃尔玛、梅西等传统线下零售企业。它利用自己的消费者大数据、物流能力和卓越的客户服务，不断割据更多的零售业江山，甚至收购一些线下公司。亚马逊模式的重要特征之一，就是扎根于某一领域，随后迅速扩张至其他领域。它的业务边界几乎无法用多元化来形容，但是其本质核心，就是追寻“客户不断变化的需求”，而客户也认可为他们带来价值的企业。

在美国市场一项联合调查的结果显示，有大约20%的美国人认为亚马逊对社会的正面影响超过了其他任何一家大型科技企业。排位紧随其后的是谷歌、苹果和Facebook。从这一点可以看出，亚马逊的成功来自用户的高度认同，消费者认可其带来了更多的价值，这也是亚马逊不断取胜的基石。

当企业选择了正确的创新模式，并建立了它所需要的所有功能时，它就将跻身于全球最具创新的企业阵营，并常年创造出高额的股东回报率。2017财年，亚马逊在研发领域共投入226亿美元，超过其他科技公司，其对创新的重视由此可见一斑，创新所带来的增长也令人眼花缭乱。在亚马逊发布的2018财年第一季度财报中，在原有的自营在线业务的基础上，亚马逊的新业务一个又一个地进入快速上升通道，占整体业务的比重也在不断增加，年同比增长幅度都接近甚至超过了50%，堪称爆发或是持续爆发性增长。

如今再看亚马逊，已经不能用电商或线上线下零售巨头来概括：

亚马逊已进军分布式账本技术，并发布两类区块链模板，使AWS（亚马逊云计算服务）用户能够快速轻松地构建自己的区块链网络；亚马逊占据全球公有云市场第一份额的 AWS，2018 年第一季度净销售额达到 54.42 亿美元；亚马逊推出“汽车钥匙”服务，当快递员将商品送到消费者车辆附近时，系统将向快递员提供开车门的授权，快递员不需要特别的钥匙或密码来开门或后备箱；亚马逊正在秘密研制家庭机器人，该家用机器人代号为“Vesta”；亚马逊无限音乐服务的订阅量在过去 6 个月中翻了一番……

哈佛商学院教授唐纳阿尔说：“外部环境发生巨变时，昔日成功的模式可能成为今日的障碍。”传统商家若还固守那些陈旧的、迷信的营销常识，屏蔽这些新生的、科学的知识，绝不会越做越好，而只会在不断发展变化的世界里沉底。亚马逊从卖书开始，建立品牌资产、信任和信誉，以新的方式改善自己的核心能力，来接管相邻市场并刺激增长，成为创新型企业的典范。

第六节　新零售

目前电子商务行业进化的新趋势，或许称为新零售更为贴切，包含生鲜零售、团购、母婴电商、家具电商等，线上生态化的商业逻辑被应用到新零售，线上线下渠道的融合已经板上钉钉，由此带来的用户体验的优化也是大多数消费者所喜闻乐见的。

在新零售阶段，中国现有的格局是阿里巴巴和腾讯在多领域全线展开。新零售战略提出之后，阿里巴巴零售部分布局明显加速；腾讯也成立了专门的智慧零售部门，并且把京东、永辉作为了两大抓手。

在国际市场上，亚马逊推出最具革命性的创新项目之一：Amazon Go（亚马逊无人便利店），颠覆传统便利店、超市的运营模式，顾客通过 App 扫码进店后，在店内随意拿商品，离店后自动扣款，彻底跳过传统收银结账的过程。当 Amazon Go 在亚马逊西雅图总部开业内测后，随之披露的

Amazon Go 视频一时引爆全球，对线下零售世界产生了巨大的影响，Amazon Go 把“买东西”的体验带到一个全新技术高度。

在 Amazon Go 买东西是拿了就走，自动结账，客户体验很好。目前很多中国无人店是没有收银员的，顾客自助结账，节省了人工成本，与亚马逊 Amazon Go 技术有一定差距。但是这不妨碍中国企业“先用最小成本杀入占位，再快速通过技术更迭”去升级换代的发展逻辑。毕竟市场很大，竞争也很惨烈。先在地理和消费者心中占位置才是硬道理。

被阿里巴巴奉为新零售样本的盒马鲜生，在北上广深等 10 个城市的新门店同时开门迎客；网易考拉在杭州推出了首家线下实体店，用 300 平方米的面积打造“海淘爆品店”；京东牵手统一石化，试图让京东 X 无人超市走进一家家线下加油站；腾讯入股的永辉“超级物种”也开始了全面布局。在深圳，超级物种更钟爱成熟的商圈，或许租金和运营成本高了许多，但相应得到的却是庞大的客流量。

除了这些电商巨头们的动作，几乎每天都有打着新零售旗号的线下店开张。“人、货、场的重构”也好，“零售基础设施的改变”也罢，阿里巴巴、腾讯想要构建起的零售生态，这是最理想的出路。

马云在云栖大会上“随口一提”，新零售迅速取代电商成为新的创业风口。线上流量红利的见底让每一个电商从业者深受其困，阿里巴巴、京东等冷暖自知，并坚定不移地将战场从电商逐渐转移到新零售，一轮新的对垒阵势已然形成。线下是巨大潜力池，线下零售店的铺开，要比开传统零售店更容易。

我们认为新零售可能的四种创新形态如下。

一是生鲜超市。盒马鲜生、超级物种、大润发优鲜等，在 O2O 时代功败垂成的生鲜市场，迅速成为新零售舵手们青睐的对象，因为生鲜类产品的特殊属性对物流和仓储有着苛刻的需求，无论是盒马鲜生还是超级物种，服务的都是线下 3 千米的商业圈，且大多数更注重线上流量，采用的是生鲜零售 + 餐饮 + 配送的模式。

二是无人超市。亚马逊的 Amazon Go 引领的无人超市，仅仅过了半年，无人超市的概念就在中国走红，出现了无人货架、无人便利店等多个“变种”。如缤果盒子、Take GO 等已经开始在线下扎根。

三是精选体验店。新零售最显著的优势就是体验，并催生了一批以体验式消费进军新零售的玩家，网易考拉的“海淘爆品店”、MUJI（无印良品）的酒店等无不是如此。如果站在新零售的角度来理解线下精选体验店的意图，那就是为了占领新零售的线下场景，最终挖掘出新的增长引擎。

四是轻体量的无人零售。自助售货机里的天使之橙、占领连锁酒店的情趣用品售卖机等，可以称为轻体量的无人零售，它是新零售形态中不可或缺的一部分。或许精选体验店意在增加用户黏性，打通用户关系，轻体量的无人零售却有着“用完即走”“填充零散注意力”的优势。

不难发现，四种新零售形态无不折射了一个核心思想，即通过场景化的体验解决用户购买决策的问题。有所不同的是，新零售的轻与重、繁与简似乎对应了不同平台对于新零售的不同心态，这也将直接影响新零售的走向和格局。

阿里巴巴和腾讯两大互联网巨头的新零售布局图谱引发了人们的无限遐想。在互联网时代，互联网巨头们确立了各自自身优势在市场中的地位，并拉开了以打造优势业务为核心的生态体系建设的序幕。现在，对传统零售的改造仍任重道远，新零售才刚刚上演。

第七节　制造业的创新革命

除了零售行业外，制造业也面临着 2.0 时代的创新革命。以信息化和工业化融合为特征的制造业革命在全球风起云涌，转型迫在眉睫，谁把握先机，谁就是未来的主宰。2018 年 5 月 28 日，在中国科学院、中国工程院两院院士大会上，习近平总书记强调，要充分认识创新是第一动力，提供高质量科技供给，着力支撑现代化经济体系建设。要以提高发展质量和效益为中心，显著增强我国经济质量优势。要把握数字化、网络化、智能化融合发展的契机，以信息化、智能化为杠杆培育新动能，优先培育和大力发展一批战略性新兴产业集群，推进互联网、大数据、人工智能同实体经济深度融合，推动制造业产业模式和企业形态根本性转变，促进我国产业迈向全球价值链中高端。

欧洲、美国和中国等国家和地区都希望能够进行技术革新，加速推动制造业转型升级，重新夺回制造业高地。各国政府也积极出台政策，推动先进制造业发展。德国最先发布了工业 4.0 战略，并在全球范围内引发了新一轮的工业转型竞赛，美国成立了工业互联网联盟，日本提出了新机器人战略等。

在中国提出的“中国制造 2025”战略中，同时借鉴了美国、德国的经验，以两化（工业化和信息化）深度融合为主线，以智能制造为主攻方向，以“互联网 +”为行动路径，注重网络信息技术与工业制造技术的紧密结合。通过推进信息化建设，使制造企业将智能控制与制造过程融为一体，把信息网与供应链、销售网融合起来，实现制造企业线上线下相结合、虚拟与现实相统一、网络和实体相融合。

技术革新和先进制造业的发展将重塑全球制造业格局。中国作为一个制造业大国，制造业是立国之本，制造业必须转型升级才是未来的出路。对于中国的传统制造业而言，转型实际上是从传统的 2.0、3.0 的工厂转型到 4.0 的工厂；在整个生产形态上，从大规模生产转向个性化定制；整个制造业的生产流程，从 B2B、B2C，转成 C2C，整个生产的过程更加柔性化、个性化、定制化，这是工业 4.0 时代一个非常重要的特征。

在传统制造领域，中国确实有技术上落后的地方，但新一轮制造业革命给中国制造业带来了“变道超车”的机会。如果用传统工业发展的眼光来看，中国和德国制造之间差距很大，但如果按照互联网时代制造业综合竞争优势判断，中国制造正在快速逼近德国制造。

中国“智造”的一个典范是小米。像小米这样的企业，在商业智慧、商业模式、执行力等方面都有很大的竞争优势，但是小米模式很难在中国的制造业中复制和推广开来，因为商业模式与产品属性息息相关，企业要思考自己的产品属性，在产品属性的基础上构造商业模式。

从中国制造业的36个细分行业来看，石化、电力、电气等行业，目前智能制造水平相对较高。作为技术密集型的产业，这类行业信息化布局较早，起点较高，有较为扎实的信息基础设施和制造业发展环境。同时，以文教工美、家具制造为代表的较为“轻型”制造门类，在个性化定制、服务型制造、平台化运营等方面，智能制造总体排名较为靠前。冶金、采掘类行业由于产能严重过剩，企业发展参差不齐，信息化的基础环境薄弱，智能制造水平较为落后。

制造业革命不仅影响中国的经济，也影响整个中国未来的发展。它将可能影响中国的就业、经济出口以及军事国防，影响到所有的产品生产、制造、流程、供应链，因此说新的制造业正在颠覆传统制造业的整个生产模式。

在中国的制造业革命过程当中，需要很多技术支持，包括工业物联网、工业网络安全、工业大数据、云计算平台等在内的多项技术。其中，包括软件与硬件。软件有工业物联网、工业网络安全、工业大数据、云计算平台、MES系统（制造企业生产过程执行系统）、虚拟现实、人工智能，支持工作的自动化等；硬件有机器人、传感器、RFID（射频识别技术）、3D打印、机器视觉、智能物流，还有AGV（自动导引运输车）、PLC（可编程逻辑控制器）、数据采集器、工业交换机等。

在这场革命中，优势方面，中国现在有很强的工程红利，例如高铁、核电的再出口以及电子消费品，比如手机等，大约2/3是中国制造，这些都是中国现有的优势。劣势方面，中国在芯片和新材料等方面要突破，要创新。总之，要实现中国制造业的转型升级，一方面需要进行技术创新，另一方面还要着力落实去产能，淘汰旧的产能，全面开展质量提升行动，推进与国际先进水平对标达标，建设知识型、技能型、创新型劳动者大军，打造中国制造的品质革命。

对于芯片行业来说，国内相关单位曾通过对某些国外CPU（中央处理器）的严格测试，证实存在功能不明确的“多余”模块，还发现存在未公开指令，包括加解密、浮点操作在内共计二十余条。其中，有三条指令在用户模式就可以使机器死机或重启，作用机制直接穿透各种软件保护措施，防护软件不能感知，普通应用程序中嵌入一条即可使系统宕机。

若这些存在问题的芯片被用在航天、装备、党政办公领域，将可能造成严重后果。应用到交通、电力、金融、电信、能源、医疗等国家战略行业，影响同样不可小视。以金融行业为例：从央行到工农中建四大商业银行，从最早兴建核心业务平台和数据中心至今，其产品使用和维护大量采用 IOE（万物互联）设备。“棱镜门”事件后，“去 IOE”风头渐劲，国内部分银行在一些小型硬件设备采购上才逐渐向国产整机厂商倾斜，但依然采用国外芯片，在采购上没有重视国产芯片。

因此，必须将芯片国产化替代提升到国家安全层次，在关乎国家安全的战略行业，必须使用中国芯片。

在中国追赶西方发达国家的过程中，国产高科技产品在问世之初往往存在“价高质次”的问题。商业公司出于利益考虑，会优先采购性能更好的国外芯片。因而在发展初期，单纯依靠市场力量很难把国产芯片扶持发展起来。如今随着国产芯片性能和品质的提升，已初步解决了能用的问题。在接下来解决好用、多用这两个互为因果的关键问题上，则必须由政府、产业双向发力，共同攻克才行。

在 2018 年，国家工信部将发布创建“中国制造 2025”国家级示范区首批名单。而已发布的《中国制造 2025》重点领域技术创新路线图显示，到 2025 年，我国通信设备、轨道交通装备、电力装备三个领域将整体步入世界领先行列，成为技术创新的引导者。

中国正在推进的“中国制造 2025”，不但将实现中国制造产业的升级，还将为中外企业带来巨大的市场机遇，这将促进不同国家间的创新科技领域的合作，让全球的消费者享受到科技进步带来的好处，共同推动全球经济的发展。

第八节 移动商务

电子商务以 PC 机为界面，是有线的电子商务。移动商务是电子商务衍生出来的，以手机、PAD（平板电脑）为终端界面，让人们无论在何时何地都可以开始商务行为。对于传统电商来说，移动电商不是电商的一次移动改良，而是电子商务的又一次革命。

移动电子商务的出现将是对传统电子商务的一大挑战。同时，通信技术的发展、网络资费的下调、终端硬件性能的提升以及应用服务的改善等无不为手机用户通过移动终端上网提供了良好的先决条件。在智能移动终端（智能手机和平板电脑）时代，传统的产品营销版图甚至是电商版图将彻底被颠覆。

有报告显示，移动互联网 2017 年的年收入达到 7000 亿美元，是 2016 年年收入 2000 亿美元的三倍多。其中，移动电子商务以 5000 亿美元的销售额拔得头筹，其他几个高收入领域分别是 740 亿美元的消费类应用、530 亿美元的企业级移动行业、420 亿美元的移动广告费和 110 亿美元的可穿戴硬件。业内人士认为，随着移动互联网的普及，当前中国已经迎来了全民的移动互联时代，移动电子商务可能是下一个风口。据有关预测，到 2021 年，移动商务每年的规模将超过 6 万亿美元。

在移动电商阶段，人们的大部分时间都用在手机上，而不是在 PC 或者其他的终端上，最方便的购买模式肯定是经过手机执行。移动购物以 App 为主，人们随时浏览，流量的碎片化非常明显，过去的电商所谓中心化的购买流量，这个概念也在非常快速地改变，网购变得更碎片化、更个性化、更便捷。

移动电商的货品，正从“物以类聚”变得“人以群分”，手机上的 App 就是人群划分最好的方式，看你用什么 App，你就被划分为哪种人群。以前我们在网上看到各个电商品牌围绕着货品，比如淘宝的分类、搜索、导航、广告来做引流，这些在移动电商阶段会迎来挑战，因为一方面是屏幕变小了，另一方面是购买容易被内容、社交引导，而不是主动地要购买货品。

现在，移动电商方面看到的更多是“人以群分”，围绕着人和社群做一些对应的投放。在这样的一个领域里面，口碑非常重要，移动电商非常需要用社交的方式、用互粉的方式帮消费者推送他们想要购买的东西。很多网红、意见领袖，能潜移默化地对粉丝做一些消费引导，这是移动电商重要的方向。

移动电商的兴起，是自企业和个人开始在网上销售商品和服务以来，零售业又一股重要的创新浪潮。能够领先于市场、最先成功建立新移动电商业务模式的企业，将有机会获取最大的市场回报。在智能手机出现之前无法实现的新型服务，比如基于用户需求的服务和基于移动应用的服务都令人非常兴奋，在这些领域中也终将孕育出一个新的“独角兽”公司。

对急于抓住移动电子商务机会的创业者来说，首要的是了解行业概况。移动电子商务的产业生态主要由六个部分组成：移动支付、零售支持、移动零售、交易平台、按需服务以及基于 App 的服务。移动支付和零售支持的核心是赋予移动设备进行交易的能力，使智能手机和平板电脑具备一定的功能来支撑移动购物的完成。移动零售和交易平台的核心是优化移动端的电商，包括一些主流移动电子商务公司。

对于中国移动电商领域两大巨头阿里巴巴和腾讯来说，二者各有所长。阿里巴巴的优势在于电商的经验、卖家的资源等，劣势在于它在移动端没有真正的平台级的入口，阿里巴巴力推支付宝就是为了能有入口。腾讯的优势在于有强势的入口——微信，无论是装机量还是活跃度都足够强大，但劣势在于电商资源、经验不足。对于手机淘宝、微信来说，扫码购未来的目标是线下，如果灯箱广告、报纸夹页出现商品的二维码，用微信也好、支付宝钱包也好，只要扫一扫就能购物，这对于消费者来说，也能提高购物体验。

因为有了手机，我们永远在网上，所以我们随时随地都能对接各种潜在的商品。线上线下进入了融合阶段，移动电商气势如虹，传统的电商模式已经走到尾声。

第九节　远程教育的昨天与今天

在人类历史的发展过程中，曾经有很长一段时间，教育是一种特权，只有贵族和社会上层才享有受教育的权利。但是随着互联网技术的发展，信息传播的成本降低，互联网带给人们一个教育共享和开放的机会。未来的社会本质是人才驱动，培养未来人才是教育的重点。因此未来的大学，将是西点大学、硅谷教育模式、西湖大学这种教育形式大放光芒的地方。创新驱动的第一驱动就是人才，人才的培养需要远程教育（互联网）和未来的大学模式，这样的培养方式能充分随需而创，灵活机动地适应时代前瞻的需要。

今天的远程教育与十几年前的电商处境相似。电商已经改变了人们的购物模式，远程教育也将重塑未来的学习模式，影响整个教育市场格局。

一个人的学习历程可以划分为四个阶段：学前教育阶段（幼教）、基础教育阶段（小学、初中、高中）、高等教育阶段（大学）、成人培训阶段（毕业后）。远程教育的创业者都是从这四个阶段里选择切入的。如果模式得当，远程教育将更高效、更有趣、更经济，越来越多的人会选择远程教育。再加上人工智能奇点临近，不需培训就可胜任的劳动岗位将消失殆尽，数以亿计的人口将进入或者重回课堂，而且大概率是进入“线上课堂”。

远程教育的优势非常明显，不仅省掉了场所租赁成本还大幅提高了师生比。中国普通高校师生比一般在1∶6到1∶40之间，以主推成人培训的尚德机构为例，这家全部课程为远程教育的机构，师生比为1∶816，远超线下的高校。此外，毛利润率高是远程教育的“天然优势”。京东起步之时，规模、经验、议价能力远不如苏宁、国美，还要打价格战，几乎没有进销差价可赚，但仗着不需背负线下门店的租赁和运营成本，硬是撑过了最艰难的时期，成为市值超过几百亿美元的电商巨头。

在2017年的大笔资金轮番注入后，远程教育行业10亿美元估值的“独角兽”阵营又出现了VIP KID、罗辑思维、新东方在线、辣妈帮等。而这一年拿到超过1亿美元后期融资的还有猿辅导、作业帮、掌门1对1，它们都在迈向马上成为“独角兽”阵营的路上——这些独角兽公司除了新东方在线是2000年成立的之外，大多数公司的成立时间距今不超过五年，本来信奉“教育是慢行业”的人们，信念开始动摇。

远程教育还可以针对需要来进行个性化定制。如在高等教育学习阶段，我国很多重点名牌高校都有专门的网络教育学院，负责教育资源的制作及教学工作。远程教育能够针对成人多元的学习需求，提供个性教学服务，从而帮助人们提升技能、拓宽人脉，在未来有一个更好的发展。

对于基础教育阶段，远程教育也能让我们可以用非常低廉的成本来学习课程。使用互联网，课堂获取几乎是无限的。如中国小朋友希望接受美国的教育，在家里读美国的小学，远程教育就把美国的老师与国内的学生进行对接，解决这个需求。

远程教育已经走过了昨天和今天，在未来，在互联网作用下，远程教育还会发生哪些变化？让我们预测一下。

第一，“授课”模式会被消灭。远程教育的未来应该是更多基于标准算法、系统模型、数据挖掘、知识库等为学生提供个性化的学习服务。在这个过程中，对老师授课的依赖会越来越小。

第二，教育的本质是服务。未来的学习过程，将由“以老师为中心”转向“以学生为中心”，为学员提供全方位持续的学习服务，这也是教育机构的必然选择。

第三，“远程教育”概念不再被提起。因为，所有的教学过程都已经离不开互联网，所有的教学都将借助云计算、大数据、移动互联网等技术实现。线上与线下只是不同的教学环境和教学手段而已，传统教育培训机构不接触互联网则无前途可言。

第四，个性化的学习出现。在线教育通过收集大量数据，可以全面跟踪和掌握学生特点、学习行为、学习过程，进行有针对性的教学，更准确地评价学生，提高学生的学习质量和学习效率，真正实现“因材施教”。

第五，优质教育资源平等共享。由于在线教育成本很低，优质教育资源将不再局限于高等学府，将有机会传遍全国和全球的每个角落，使每个人都有机会接触，这可以推动我国从人力资源大国向人才强国的跨越。

第六，4A（Anytime、Anywhere、Anybody、Anyway）学习模式到来。未来的远程教育，可以做到在任何时间、在任何地点、以任何方式、从任何人那里学习，颠覆传统的教学过程与规律。

第十节　从流创新到源创新

通过本章前几节的内容，我们不但领略了阿里巴巴、腾讯、亚马逊这类超级公司的成功，我们还发现，凡是创新的时代，总会有企业死在半路上，但是这些失败或者遇到困难的公司并不代表它没有价值，它的价值就是告诉大家，其实这个领域是可以一试的。或者创新，或者消亡，尤其是对在移动互联网背景下的技术推动型产业来说，更是这样。

接下来的问题是，中国人在商业上的创新力如何才能提升？有一种普遍的认识是，中国经济几十年的成功，主要还是建立在引进、复制、大规模制造上，建立在廉价劳动力和引进外资的结合上。这些年中国的企业、产品、技术，复制的多，原创的少，所以附加值低、可持续性差，中国经济的整体创新度不够。

真的是这样吗？

中国人到底有没有创新力？是中国人本质上不善于创造，还是中国的社会环境制约了中国人的创新力？是中国的经济制度和社会环境对创新者的激励不足，对复制者激励过度，导致中国的企业家群体缺乏创新动力，还是中国企业家在实力上和意识上还没到创新的阶段？近些年来，中国政府开始大力提倡建设创新型国家，大力鼓励创新、创业，力图提高中国经济的创新比重，企业家们更是把创新当作竞争发展的第一要义。

美国斯坦福大学谢德荪教授对创新提出了一个创造性的框架结构。这个结构说明，也许中国人对创新的理解太过狭窄，也许我们对创新的理解还停留在迈克尔·波特的价值链理论以及五力模型时代，那是一种静态的、平面的创新。而谢德荪教授告诉我们，创新不只是静态的，也可以是动态的。

在信息时代，企业需要新的“动态战略理论”。在谢德荪教授看来，创新可以分为“流创新”和“源创新”两种方式。

迈克尔·波特的理论，使企业家把战略思路都放在产品上，也即“流创新”战略上。“流创新”主要着眼于如何降低生产成本、增加供应链效益、提高产品的质量、创造产品的差异化、设计产品来迎合细分市场的需求。而“源创新”的着眼点是开拓市场，是从无到有，“无中生有”地去建立一个新生态系统，系统内成员通过网络来提升各自的价值。

显然，中国的企业家们对基于竞争力理论的“流创新”更熟悉，但对“源创新”还不太了解，而“源创新”与东方“无极”智慧暗合。谢德荪教授构建了一种极具操作性的源创新模式，一种与波特的价值链理论相对的新型商业模型——“两面市场商业模型”。

因此，你怎么理解创新，决定着你怎么去创新。解开创新困局的钥匙也许就藏在中华民族的文化基因里。创新是民族进步的灵魂，是一个国家兴旺发达的不竭源泉，也是中华民族最深沉的民族禀赋，正所谓“苟日新，日日新，又日新”。因循守旧、满足现状者必将被淘汰，不思进取、坐享其成者只能将更多机遇留给善于和勇于创新的人们。

所以说，我们既要考虑自己创新得够不够，也要考虑自己对创新的理解是否太过狭窄、太过陈旧。如何来定义创新、如何来鉴定创新的方式，也许才是我们首先要思考的问题。

中国人或者中国的商业，目前还主要是在产品技术竞争力等“流创新”方面下功夫，反而忽略了中国文化蕴涵的无中生有式的“源创新”天赋。中国企业可以换一种思路，从波特的价值链创新模式里走出来，从“流创新”过渡到“源创新”，也许未来别有洞天。此外，我们还要从教育的源头去抓创新，如果我们教育出的孩子没有创新的能力、创新的思维，那目前的创新也是不可持续的。

chapter five

第五章 大数据

导语：2013 年被定义为“大数据元年”，数年过去，大数据逐渐从相对空洞的商业术语中脱离出来并深入各个领域，如同一门综合性学科一般，单纯的数据堆砌早已没有意义，对数据的挖掘、分析与应用决定了能获得的价值。而此时在算法趋同的趋势下，数据的质量与规模则成为兵家必争之地。

第一节　我们这个时代最伟大的发明

如前所述，每一次工业革命都有标志性的重大技术突破。第一次工业革命的标志是蒸汽机，使机器替代人力成为可能，纺织业实现了机械化。第二次工业革命的标志是电力和汽车，实现了批量化工业生产。第三次工业革命，是以计算机和互联网为代表的信息技术。而第四次工业革命，我们这个时代最伟大的发明，将会是什么呢？

目前国际学术界尚未形成统一的意见。世界经济论坛把第四次工业革命归纳为 12 个重点领域和四个方面的技术突破：数字革命（包括新算法和大数据）；人工智能和多维打印；生物技术；能源和太空技术。相比后两个方面，人工智能和大数据最有可能成为第四次工业革命的标志性突破。

一般来说，2013 年被定义为“大数据元年”，数年过去，大数据逐渐从相对空洞的商业术语中脱离出来深入各个领域，如同一门综合性学科一般。单纯的数据堆砌早已没有意义，如何挖掘、分析与应用，才可能拥有数据的价值。而此时在算法趋同的趋势下，数据的质量与规模则成为兵家必争之地。

随着云计算的逐渐普及，不同的企业收集了各个行业的海量数据，这些数据犹如矿山，其内涵价值有待于开采，而数据量就犹如矿石储量，掌握更多的数据已经成为了企业生存竞争的基石和进入下一个商业时代的入场券。在过往互联网的野蛮生长过程中，中国市场的数据存量已经赶超美国，远远超过其他国家，各行业新兴的企业家对数据的收集意识也在不断增强，一轮新的圈地竞赛已拉开帷幕。

从某种角度上来讲，数据并非越多越好，而是越全越好，在当无法获得更全面的数据体系时，才是越多越好。全，是一个战略的运筹；多，只是体力活罢了。简单的数据企业拼尽全力拓展渠道积累囤储数据，出色的数据智能化企业则不断扩展数据维度，所以说，大数据更重要的应是信息密度的价值和存量数据的有效性。

大数据的优势主要体现在三个方面：成本低、准确性高、维度多。

过去我们要得到某些结论，一般的方法是采用统计的方式。首先设计一份合理的问卷，寻找有代表性的人群进行调查，并且调查要保证足够的样本量，然后要人工或半人工地处理这些数据，最后得出结论。这种方法存在诸多劣势，一是成本太高，二是采样时很难将各种因素考虑周全，三是问卷未必能反映被调查人真实的想法。这些劣势对于大数据来说是不存在的。

更重要的是，大数据并不是大量数据，大数据具有多维性的本质。云计算的出现使我们可以存储和处理大量关系很复杂，并且原本看似没什么用的数据，除了使用数据验证已有的结论外，还可以从这些数据出发，不带任何原始想法，看看数据本身能够带来什么新结论，如此就可能会发现很多新的规律。正是这些看上去杂乱无章的数据将原来看似无关的维度联系起来，经过对这些信息的挖掘、加工和整理，得到了有意义的结果，可以说，多维性是大数据的本质特征。大数据的英文名为 Big Data，而不是 Large Data。Big 更强调抽象意义上的大，而 Large 是强调数量（或者尺寸）

上的大。Big Data 的提法不仅表示大的数据量，更重要的是强调思维方式的不同，这种以数据为主的新做法，在某种程度上颠覆了长期以来在科学和工程上的方法论。

总之，大数据更重要的是一种新的思维方式、一种新的方法论。

大数据的可怕体现在哪里？我们认为，大数据不仅是各行各业都可以通过对数据的分析极大地提升自身的业务，更重要的是它将带来人工智能的全面革命，并且最终改变世界的产业格局和社会生活，因为：人工智能=大数据+计算能力+数学模型。

客观上，实现大数据的应用和人工智能还涉及很多关键技术，涵盖了计算机科学、电机工程、通信、应用数学和认知科学等许多方面。大数据对各行业的推动更是不胜枚举：覆盖全球六大洲的近视眼大数据多中心研究项目启动，中国主导启动全球近视眼大数据研究；京东联手统一石化，利用大数据分析消费者选购机油的类型，并与统一石化的研发技术进行结合，提供定制化机油产品；顺丰与 8 家国内供应链企业或其子公司联合，建设供应链大数据平台；全病程管理和数字化医疗所采集的患者健康大数据，可能影响到药企的新药研发；蘑菇租房首发大数据租房生态链；Google 把机器人问题变成了一个大数据问题，进而在不到 6 年的时间里研制出自动驾驶汽车；医疗大数据企业思派网络在 2018 年年初完成了数千万美元的 C 轮融资……

世界经济论坛的一份研究报告称："大数据是新财富，价值堪比石油。"当人们的一言一行、一举一动都迅速地转变成大数据，进而转变成商家的洞察力和企业决策时，大数据将作为仅次于能源的生产要素驱动所有产业进行革命。处于大数据时代中的每一个企业，要想生存和壮大，必须接受和拥抱这场新时代的数据革命，大数据将给企业创新活动带来新机遇和全方位变革，发现并利用大数据提供的创新机会，是企业创新成功的先决条件。

大数据为企业创新提供了新的可能，一个私人定制的时代呼之欲出。

第二节“私人定制”时代

大数据带来的产业变革是全方位的，人才招聘、金融投资、生产制造、品牌营销、商业模式、企业管理方式等都将发生巨大变革。京东已经与统一石化达成战略合作。京东将利用大数据分析消费者选购机油的类型，并与统一石化的研发技术进行结合，提供定制化机油产品。据了解，双方将在开放统一国家级实验室，推动机油产品定制化，以及供应链、营销、大数据等多个方面进行合作。

在大数据背景下，个人信息、习惯、喜好等内容都被分析存储利用。每个人的生活轨迹被精准记录，与此同时，消费者已经渐渐不能满足于只挑选商家提供的现成的商品，参与感、归属感、成就感在消费者挑选商品时占据更高比重，结合大数据以及消费者消费习惯的转变，凸显个性化的商品更能让消费者认同，私人定制时代正逐渐走来。

可口可乐曾在中国市场推出 56 个网络常用语的新包装，包装上印有“有为青年”“天然呆”“高帅富”“白富美”等，这些词语，其实就是来源于大数据。通过数据挖掘规则，设定一些跟品牌、网民相关的规则，搜索到网络的热词，再通过一些算法规则对热词进行筛选，得到三百多个词，用这些词去跟品牌、营销进行协商，最后得出最佳结果。

除了吃喝，出行时的汽车私人定制服务正在形成。围绕在车主周围，有不同层级的参与者。传统的主机厂、汽车制造商、硬件供应商、4S 店，这些是其中一部分，此外还有各种服务商、提供商、开发商、保险公司、传媒，甚至教育机构，也扮演着重要的角色。大数据能够将这些参与者全部连接起来，把汽车产业数据、驾驶行为数据、汽车感知数据、外部环境数据，还有最重要的人的社会数据都储存起来，这些数据不断地更新，不断地累积，形成了庞大的数据库。

通过对数据库进行分析和处理，得到基于用户里程的分布、轨迹、行驶速度、超速违规事件的一系列统计，由此构建出一个精准的用户画像：做什么工作，爱好是什么，习惯是什么，等等。针对于该用户，各种服务商就可以提供针对性极强的私人定制服务，比如安全指导、保费个性化、出行效率提升等。

旅游产品的个性化定制，也因为大数据的出现，从而具有更多的可操作性。定制旅游是一个细分的小众市场，离不开需求分析和大数据的使用。因为，定制旅游本身是比较繁重的业务形式，当大众生产方式变成小众人群生产方式的时候，定制旅游企业就必须要通过大数据的方式提高运算效率，这样才能提升整个服务体验，降低服务成本。

首先，国内旅游消费人群相对比较分散。每种旅游将会有各自的消费人群。每一种消费人群都有不同的消费特征，定制旅游企业应该努力获取自己的细分用户，必须要清楚用户到底“长什么样子”。

其次，对于这部分用户，定制旅游企业要有一个大数据的画像。比如，用户人群的年龄层次区间、他们有没有家庭、决策的用户是以女性用户为主，还是以男性用户为主等。只有明确了这些方向，才能获得精准的用户画像，市场的推广和投资的效率才会有所提高。

最后，通过消费数据，提供高性价比的解决方案。企业通过用户的消费特点整理出一个数据，这些数据其实就代表着一种消费习惯，而消费习惯将有助于更好地解决用户的需求。所以，企业需要把用户所有的消费习惯记录保存下来，然后通过标签变成一种明显的特征，再去做大数据方面的分析。前期的数据积累和研究，对于后面整个工作效率的提升，以及工作满意度的提高是一个非常重要的方式。

不止是旅游，就连未来的学习方式也在快速地实现定制化。据安徽省教育厅发布的《安徽省中小学智慧校园建设指导意见》显示，安徽省计划到 2020 年，全省所有市、县都要进行智慧学校建设。在智慧学校，作业不是由老师批改，而是由专门的作业测评系统自动批改，并通过大数据分析，为每位学生“量身定制”作业菜单，使作业对不同学习水平的学生更有针对性。

在大数据时代，定制服务的本质就是更恰当、更适合地满足消费者。

第三节　具体与虚拟，谁更准确？

定制服务的本质是更准确地满足消费者或客户企业的需求，那么对于企业来说，精准服务显得尤为重要。在具体的统计数据与虚拟的大数据之间，精准服务离不开大数据的支持。

在以人为本的时代，虽然“客户就是上帝”，但“上帝”除了尽量满足外还需要合理引导。一般来说，决定客户满意度的因素一般有三个：一是客户或用户的欲望和要求；二是竞争对手的情况与态势；三是自身的水平与实力。三者中只有一和二为外部因素，第三点是内部因素。

根据实践我们发现，满足、引导和控制外部因素并提升内部是提高满意度的最佳之法。当然，内外部密切相关，提升内部必须是围绕外部的，而只有对外部的情况准确掌握，才能做到对外部的满足、引导与控制。所以，目前一切的服务活动都是基于“明白”这个概念出发的，明白客户、明白对手，这样才能提供贴心服务。

以人为本是前提，如何明白人们的心思，那就是所谓的“察言观色”。怎样察言观色呢？很简单，因为人们在家庭和社会活动中会留下许多痕迹，这些痕迹数据，就是企业用来判断人们行为的依据，这些大数据加上合适的分析，就能帮助我们随需应变，一些巨型的传统企业或互联网服务企业，如腾讯、阿里巴巴、百度、京东、谷歌、亚马逊、中国电网、四大银行等，都具备了这样的分析条件。

很多服务体系受到运行效率和成本等因素的影响，都不可能有无限的柔性。要做到随需应变，就需要运维来帮忙，这对运维本身也提出了较高的要求。首先，运维不仅仅是运行维护而是运营维护，需要全面、准确把握业务需求。其次，运维工作需要精准，将业务需求和信息系统性能、功能等进行匹配度分析，为系统升级改造、优化完善提供依据和解决方案。

最后，要对运营过程中的大数据从业务角度进行精准分析，从而找到创新业务增长点或改进方向。精准运维有助于企业服务精准化、个性化，使企业强者恒强。

目前，互联网已颠覆传统信息获取、生活消费以及商务方式，互联网企业扁平化程度越来越高，如何成为第一、稳住第一，是每个 CEO 思考的课题，质量、速度、成本是互联网企业产品的主要考量。互联网企业的产品从策划、设计、研发、上线、运营都要考虑这三个问题，这里的质量是广义的质量，包含了用户的热度。如果企业用户瞬间产生每秒千万级的请求，这种量级的请求配什么样的硬件、需要什么样的环境等，这些决策都需要基于预测用户的群体意识来对资源进行调整，这些都与大数据有关。

未来的商业，是物物相连、人人相连、人物相连的。在这个巨大且复杂的网络中，只有以大数据、云计算为基础，才能精准感知、精准服务，也只有大数据，才能帮助企业准确应对各种各样的新情况、新局面，使企业的服务瞬间“随需而变”。

第四节　“是什么”和“为什么”

大数据的特征是什么？它为什么具有这些特征？

大数据具有海量的数据规模、快速的数据流转、多样的数据类型和低价值密度四大特征。

第一，海量的数据规模。大数据相较于传统数据，最大的区别就是海量的数据规模，这种规模大到“在获取、存储、管理、分析方面，大大超出了传统数据库软件工具能力范围的数据集合”。现在多数的商业企业还是处于小规模发展阶段，所得到的数据多是某一个门店或者单独营业个体的数据，并不能称之为大数据。所以要想收集海量的数据，就目前的行业发展态势而言，最佳的选择是企业合作，通过合作，集合多家企业的数据，填补数据空白区域，增加数据量，真正意义上实现大量的数据到大数据的跨越。

第二，快速的数据流转。数据也是具有时效性的，采集到的大数据如果不经过流转，最终只会过期报废。尤其是对于商业企业来说，大多数企业采集到的数据都是一些用户的商业行为，这些行为往往具有时效性，如果不能使这些数据快速流转并进行及时分析，那么本次所采集到的数据便失去了价值，快速流转的数据就像是不断流动的水，只有不断流转才能保证大数据的新鲜和价值。

第三，多样的数据类型。大数据的另一个特征就是数据类型的多样性，用户是一个复杂的个体，单一的行为数据是不足以描述用户的。目前对大数据的使用多是通过分析用户轨迹来了解用户的行为习惯，由此进行用户画像，从而实现精确推送。但是单一类型的数据并不足以实现用户画像，例如，餐饮企业可通过用户某一段时间内在某一区域内的饮食数据，在用户进入这一区域的时候向其推送相关信息，但是这一信息只是单纯地分析了用户一段时间内的饮食数据，并没有考虑到用户现阶段的身体状况、个人需求和经济承受能力等，所以这种推送的转化率并不理想。

第四，价值密度低。大数据本身拥有海量的信息，这种信息从采集到变现，需要一个重要的过程——分析，只有通过分析才能实现大数据从数据到价值的转变，但是，大数据虽然拥有海量的信息，但真正可用的数据只有很小一部分，从海量的数据中挑出一小部分数据本身就是个巨大的工作量，所以大数据的分析也常和云计算联系到一起。只有云计算才能完成对海量数据的分析。

以上四点，既是大数据的特征，也是影响大数据价值变现的原因，这些因素对于大多数企业来说很难单独解决，毕竟大多数企业并不像 BAT 那样拥有巨量数据。对于大多数企业来说，需要全行业，甚至与多个行业的合作才能完成大数据的价值变现。

第五节　当一切变成数据

大数据已经来到我们身边，渗入我们每个人的日常生活消费之中，时时刻刻、事事处处，我们无法逃遁，因为它无微不至地将一切变成了数据。它提供了光怪陆离的全媒体、难以琢磨的云计算、无法抵御的仿真环境等，不一而足。

大数据倚仗无处不在的传感器，洞察了一切。通过大数据技术，人们能够在医院之外得悉自己的身体情况；通过收集普通家庭的能耗数据，大数据给出人们切实可用的节能提醒通过对城市交通的数据收集处理，大数据技术能够实现城市交通的优化。

大数据让冷冰冰的技术活起来，让技术“懂人”，成为“懂你的”技术，它不仅满足人们衣食住行的功能需求，而且照顾到现代人喜怒哀乐的情感需求，让“懂你的”技术不仅给生活提供方便，而且营造美好的生活体验。

大数据不仅改变了传统的生活方式，也让生活变得更加智能化。在贵阳，乘公交、医院挂号、停车缴费等“无现金”支付已成为市民生活的常态。作为中国首个大数据综合试验区，近年来贵州大数据发展风生水起，不仅成为贵州经济发展新的增长点，更是融入到人们生活的方方面面。

在贵州发展大数据背景下，当地按照“互联网＋交通”的设计理念，开发了用于农村客运的“通村村”App，实现智慧化客运交通向乡村及客流集散点延伸。村民出行，可用手机约车，约的不是出租车、快车，约的是价格经济的客车，并且也不用像以前那样时时站在村口等待。

在交通之外，大数据也让就医变得方便。村民在家中装上多彩贵州“广电云”远程医疗系统平台，依托该平台，在家就可实现就医，还可与医生在线视频复诊。另外，多彩贵州“广电云”村村通工程，利用大数据、云计算等手段，通过有线数字化广播电视传输系统，将数字广播电视节目和政务、民生、致富等农民所需信息传递和延伸到农村千家万户，依托“广电云”，贵州上万余村开启了“数字化生活”。

大数据也让贵州旅游变得更加轻松愉悦。在贵州旅游期间，凭借“云上贵州”App中的旅游板块，贵州各大景点的天气、人流量、堵车情况以及出行、吃住等问题和需求，皆可一站式解决。

对于移动电商来说，大数据已更早地取得了广泛应用，各种新功能对改善用户体验、增加用户黏性和复购率有很大作用，如用户画像，能通过用户的浏览轨迹和消费历史来分析用户的身份、年龄、性别、喜好和消费能力等；千人千面，能使每个消费者登录后看到各不相同的个性化内容；智能推荐，针对每个人的身份、喜好和购买历史而推荐不同商品。

除了购物和衣食住行，在医疗方面，流行病的提前预测、提高新药研发效率、新药定价等，大数据都能得到应用，除此之外，智慧医疗也进入了高速发展期。

就目前而言，医疗行业数据量非常大，仅CT（电子计算机断层扫描）、核磁等影像一天的数据量就超过100G，同时医疗行业数据的复杂性比电信业和银行业要复杂得多，医疗行业产生的数据不仅量大，结构类型也是复杂多样。如果不能把这些类型复杂的大数据有效衔接起来，它们就只能是无用的“信息孤岛”，无法合力形成个人健康档案和医院的数字运行机制，也就无法实现人们构思中的美好愿景。

基于云计算和大数据的应用将彻底解决这一问题，通过弹性计算和存储的能力，医院拥有了IT（信息科技和产业）运行环境与简化运维工作，并通过基因组学、临床辅助、就诊回顾、院感预警、运营分析、异常检测等方面的技术突破，进入以患者为中心的精确治疗、精确预测和主动干预的“精准健康”医疗时代。

智慧医疗的基础是云计算和大数据，智慧医疗既是大数据的生产者，也是大数据的受益者。数据的共享、组合和解读及云计算的底层架构平台，将为智慧医疗系统提供不可或缺的技术支持和服务保障。

智慧医疗是实现国民健康管理最有效的途径之一，将覆盖影响个人及人群健康因素的全生命周期过程，利用以人为中心的健康信息及各类医疗资源，为健康保驾护航。中国作为健康大国，能通过智慧医疗作出互联、协作、创新、可靠的战略选择，构建医疗产业新格局。

第六节　改变，从思维开始

大数据改变的不只是我们的生活，还有我们的思维方式。因为很多以前不可能的事，现在变得可能了；很多以前可能的事，现在是用另一种方法来实现。

大数据时代，我们思维方式的改变，也许要从以下几个方面开始。

其一，从传统的因果思维转向相关思维。传统的因果思维是对于一个事件，一定要找到一个原因，推出一个结果来。但在大数据时代，没有必要找到原因，不需要科学的手段来证明这个事件和那个事件之间有一个必然联系，不需要证明先后关联发生的一个因果规律。我们只需要知道，出现这种迹象的时候，我就按这个数据统计的高概率显示它对应的结果，我只要发现这种迹象，我就可以去做一个决策。应该说，它看上去有点反科学，因为科学要求实证，要求找到准确的因果关系。

我们应用相关性思维方式来思考问题、解决问题，但这并不意味着忽视因果关系，因果关系仍然是科学的基石，只是在高速信息化的时代，为了得到即时信息、进行实时预测，在快速的大数据分析技术下，寻找到相关性信息，就可预测用户的行为，为企业快速决策提供提前量。尤其对于预警技术来说，只有提前几十秒察觉，防御系统才能起作用，比如雷达显示，它有个提前量，如果没有这个预知的提前量，雷达的作用也就没有了，相关性就是这个原理。

其二，用关注效率的思维方式思考问题、解决问题。大数据时代，我们的思维有点像混沌思维，确定与不确定交织在一起，过去那种一元思维结果已被二元思维结果取代。过去寻求精确度，现在寻求高效率；过去寻求因果性，现在寻求相关性；过去寻找确定性，现在寻找概率性。对不精确的数据结果能够容忍，只要大数据分析指出可能性，就会有相应的结果。这种转变，为企业快速决策、快速动作、抢占先机提供了机会。

其三，用全数据样本思维方式思考问题、解决问题。抽样调查统计中得到的结论总是有水分的，而全部样本中得到的结论水分就极少，大数据越大，真实性也就越强，因为大数据包含了全部的信息。

其四，用数据价值思维方式思考问题、解决问题。数据价值，由功能是价值转变为数据是价值。信息总量的变化导致了信息形态的变化，量变引发了质变，大数据这一概念几乎应用到了所有人类致力于发展的领域中。从功能为价值转变为数据为价值，这说明数据和大数据的价值在扩大，数据为“王”的时代出现了。数据被解释为信息，信息常识化是知识，所以说数据分析能产生价值。

其五，用数据核心思维方式思考问题、解决问题。从“流程”核心转变为“数据”核心，这反映了国际 IT 产业的变革，数据成为人工智能的基础，也成为智能化的基础，数据比流程更重要，数据库可开发出深层次信息。

其六，从不能预测转变为可以预测。大数据的核心就是预测，大数据能够预测体现在很多方面，它不是要教机器像人一样思考，相反，它是把数学算法运用到海量的数据上来预测事情发生的可能性。正因为在大数据规律面前，每个人的行为都跟别人一样，没有本质变化，所以商家会比消费者更了解消费者的行为。

其七，定制产品思维。由企业生产产品转变为由客户定制产品，大规模定制就要来临。再次强调，是大规模的定制，它为大量客户提供定制服务，成本低又兼具个性化。比如消费者希望他买的车是彩虹色，厂商有能力满足要求，但价格又不至于像手工制作那般让人无法承担。因此，在厂家可以负担得起大规模定制带去的高成本的前提下，要真正做到个性化产品和服务，就必须对客户需求有很好的了解，这背后就需要依靠大数据技术。

总之，大数据时代，我们需要新的思维观，用新的思维去思考问题、解决问题，这是当下企业潮流。大数据改变了我们的思维方式，开启了一次重大的时代转型。

第七节　取之不尽，用之不竭

大数据让制造变为“智造”，大数据是智能制造的有源之水和加速度。2018 年开始的中美贸易战中，两国存在很大差异，虽然短时间内中国在诸如芯片等领域很难实现突破，但在大数据层面，中国有很大优势。数据资源丰富的 BAT 均承担了国家在人工智能方面的战略任务，中国极具规模优势的数据资源，有助于提升人工智能技术的研发进度，并进一步赋能我国制造业，进而支撑国家战略。

人类要提升生产效率就需要实现自动化，自动化过程是人类自我调试的过程。大数据是制造业智能制造的基础，其在制造业大规模定制中的应用包括了数据采集、数据管理、订单管理、智能化制造、定制平台等。定制数据达到一定的数量级，就可以实现大数据应用。

企业通过对大数据的挖掘，能实现流行预测、精准匹配、时尚管理、社交应用、营销推送等更多的应用。同时，大数据能够帮助制造业企业提升营销的针对性，降低物流和库存的成本，减少生产资源投入的风险。

中国提出“中国制造 2025”，决心打造制造强国。德国提出的“工业 4. 0”则是利用大数据、物联网，把信息技术和计算技术结合起来，随时掌握生产信息、性能情况，得到产能跟质量的数据。所以工业 4. 0 的效益非常大，它是一个跨产业、跨供应链、跨价值链的整合。整合内容从软件工具到机器设备到系统集成到产品制造等，使定制变得可行，也使得生产具有高度弹性，对生产力有极大提升。

对大数据来说，智能工厂的传感器可以产生庞大的数据量，用数据定义软件、软件定义网络、网络定义资料中心，如此引申就能够整合智能工厂的管理，使探知、诊断、控管、可视化得以全方位实现。

大数据带来的加速度不止于此。再进一步，利用这些大数据进行分析，将带来仓储、配送、销售效率的大幅提升和成本的大幅下降，并将极大地减少库存、优化供应链。同时，利用销售数据、产品的传感器数据和供应商数据库的数据等大数据，制造业企业可以准确地预测全球不同市场区域的商品需求。由于可以跟踪库存和销售价格，所以制造业企业便可节约大量的成本。

大数据取之不尽、用之不竭，还体现在企业与消费者的接触界面上。消费者与制造业企业之间的交互和交易行为也将产生大量数据，挖掘和分析这些消费者动态数据，能够帮助消费者参与到产品的需求分析和产品设计等创新活动中，为产品创新做出贡献。制造业企业对这些数据进行处理，进而传递给智能设备进行数据挖掘、设备调整、原材料准备等步骤，就能生产出符合个性化需求的定制产品。

在工业云平台下，智能制造通过企业本身的智能化、产品的智能化、装备的智能化，让企业转型升级至新业态。如果企业在生产过程中，把所有的研发、工艺、制造以及运维的数据加工到后台，就可以通过互联网和客户沟通产品。

大数据是用之不竭的。企业还可以利用数据、互联网和软件做支撑，把装备作为终端去调整或者改变传统模式。数据被软件定义后，企业可以在互联网上抓生产，装备可以通过互联网的作用实现自身的智能化。

总之，工业云需要以智能制造为支撑，而智能制造的重要支撑是工业大数据，如果没有大数据，智能制造本身也将会是无源之水。大数据取之不尽、用之不竭，将从根本上改变制造企业的竞争力，成为制造业的有源之水。

第八节　数据中间商与数据科学家

谁会在大数据价值链中获益最大呢？我们认为，应该是那些拥有超前思维或者说创新性思维的人。但是，这种先决优势并不能维持很长的时间。随着大数据时代的推进，别人也会吸收这种思维，然后那些先驱者的优势就会相对减弱，新的思维再次兴起。大数据时代的两种创新型人才——数据中间商和数据科学家，值得我们关注。

个人数据是新兴资产已经是欧美国家的共识，但是在中国，公民还未有这样的意识。针对个人数据，从20世纪七八十年代，国外就已经立法保护个人数据。欧美国家也经历了较长的时间，使公司更加合理合法地使用公民的个人数据。

在这个过程中，就诞生了数据中间商这样的人，他们从数据源（公开与非公开的情报）中收集有关消费者的各种信息，分析、编辑之后出售给第三方，其市场规模已超数千亿美元。数据中间商需要具备非常专业的大数据挖掘分析的技术，并且具备有利的渠道，能以极低成本拿到非公开的大量数据。有意思的是，在美国人们对数据采集行业的批判十分强烈，而在中国人们的意识还未培养起来，于是就出现了这样的现象：某企业高层领导者说出“中国人更开放，愿用隐私换效率”的话来。

另一种在大数据出现后的新职业是数据科学家，他们的工作被称为“21世纪最迷人的工作”，简而言之，数据科学家的核心是运用科学的方法来解决商业问题，如果要进一步扩展，那就是使用人工智能来解决商业上的业务问题，进行预测，并优化流程。

一般来说，数据科学家具有的经验和技能包括：①接受过科学训练，有相关学位；②具备机器学习和统计方面的专业知识，重点在于决策优化；③掌握Python、Scala等计算机编程语言；④能够转换和管理大型数据集；⑤有能力将上述技能应用于现实世界的商业问题；⑥能够评估模型的性能并进行相应地调整。

许多人进入数据科学领域，是因为它能够用新的机器学习算法并解决复杂问题，进而对商业产生巨大影响。这会让人觉得自己所从事的工作比之前做的任何事情都要重要。

一位数据科学家必须有技术方面的扎实基本功，包括编程、查询、数据清洗等。然而随着数据科学家的成长，他们需要更多地关注设计决策以及与管理者的沟通，这会大大增强经验丰富的数据科学家的影响力，他们可以做出更高层次的决策，并帮助陷入困境的初级数据科学家，而不是被困在日复一日的编码中。有经验的数据科学家能利用他们的经验来优化数据流的设计决策，同时协助决定哪些项目最为恰当，这使数据科学家自身及其公司都能赢取更大的商业利益。

高级数据科学家还能简化复杂系统。一般来说，数据科学确实需要复杂抽象的模型及大量的复杂技术，在这个复杂的领域，人们会倾向于开发复杂的系统和算法，稍不留神就会在开发中涉及四五种不同的技术，并使用新的热门算法或框架。但是，像其他工程领域一样，减少复杂性往往会带来诸多好处，更简单的系统意味着随着时间的推移，系统会更加容易维护，并且未来的数据科学家能够按需添加和删除模块。

高级的数据科学家的经验非常有价值，这些经验能够指导初级开发人员做出更好的设计决策，帮助管理者找出哪些项目会带来最高的投资回报率，为团队带来更大的正向影响。

第九节　大数据决定企业竞争力

大数据带来新一轮信息革命的同时，也掀起了一场管理革命，在经营管理层面上带给企业诸多变化，提高了企业的竞争力。大数据对企业运营的颠覆是全方位的，包括传统营销模式的颠覆，对企业内部组织工作模式的颠覆，以及对商业模式的颠覆等，通过这些颠覆，大数据决定了企业在新时代的竞争力。

其一，大数据决定企业营销模式的创新。大数据时代，企业一旦掌握了数据资源和数据分析能力，将具备应对变化的敏锐洞察力。如今数据渗透各个行业，渐渐成为企业战略资产。有些公司的数据规模非常庞大，这也使它们拥有了更多获取数据潜在价值的可能，例如互联网领域与金融领域。拥有数据的规模、活性以及收集、运用数据的能力，将决定企业的核心竞争力，像亚马逊的精准推荐和阿里巴巴的蚂蚁金融，它们都是基于大数据完成营销模式升级的典型代表。

其二，大数据决定企业内部工作决策模式创新。智能化决策是企业未来的发展方向。过去很多企业对自身经营发展的分析只停留在数据和信息的简单汇总层面，缺乏对客户、业务、营销、竞争等方面的深入分析。如果决策者只凭主观与经验，对市场进行估测而做出决策，将导致战略定位不准。在大数据时代，企业通过收集、分析大量内部和外部的数据可以获取有价值的信息；通过挖掘这些信息，可以预测市场需求，进行智能化决策分析，从而制定更加行之有效的战略。

在微观方面，大数据可以提高企业经营决策水平和效率，推动创新；而在宏观层面，大数据使经济决策部门可以更敏锐地把握经济走向，制定并实施科学的经济政策。

其三，大数据带动企业商业模式创新。在大数据时代，以利用数据价值为核心的新型商业模式正在不断涌现。能够把握市场机遇、迅速实现大数据商业模式创新的企业，将在经济发展史上书写出新的传奇。回顾 IT 历史，几乎每一轮 IT 概念和技术的变革都伴随着新商业模式的产生。PC 时代微软凭借操作系统获取了巨大财富，互联网时代谷歌抓住了互联网广告的机遇，移动互联网时代苹果则通过终端产品的销售和应用商店获取了高额利润。

其四，大数据催生产品和服务的创新。大数据通过对有效数据的多维分析，让企业能够创造新产品和服务，改善现有产品和服务，以及发明全新的业务模式。

另外，大数据技术可以有效地帮助企业整合、挖掘、分析其所掌握的庞大数据信息，构建系统化的数据体系，从而完善企业自身的结构。同时，伴随消费者个性化需求的增长，大数据可以完善基于柔性制造技术的个性化定制生产路径，推动制造业企业的升级改造；依托大数据技术可以建立现代物流体系，其效率远超传统物流企业；利用大数据技术可多维度评价企业信用，提高金融业资金使用率，改变传统金融企业的运营模式等。

大数据发展到现在，国内外已有不少公司通过大数据取得了巨大的成功。众所周知的谷歌、亚马逊、IBM（国际商业机器公司）以及国内的BAT巨头等，他们凭借大数据均获得了巨大商业成功。

第十节　大数据与管理模式创新

大数据时代为企业管理带来了新的内容、新的机遇和新的挑战，企业需要通过管理模式的创新来适应时代需要，提升自身管理水平和市场竞争力。

大数据对企业的管理来说，既是机遇也是挑战。一方面是大数据时代为企业发展带来的机遇，另一方面是大数据时代为企业管理带来的挑战。大数据中蕴含着经济价值，如果企业能够通过管理创新，利用这些数据为企业的经营管理和决策提供有效信息，将会为企业带来巨大的收益和进一步的发展。同样，大数据给企业管理带来了一系列的问题，企业要想在当前时代中获得生存和更大发展就必须进行管理创新，因此我们认为，在大数据时代，企业进行管理模式的创新是必要的。

那么，如何进行管理模式创新呢？途径主要有以下五个方面。

其一，构建信息数据集成系统。大数据时代数据量庞大，企业处理和分析数据的效率对企业管理具有重大意义，要想提升对大数据分析的数量和质量，不仅需要充分运用云计算和数据挖掘技术，还需要通过高效的分析为企业决策提供科学合理的预测和判断，因此，企业应该根据自身需求，构建一个大数据集成系统，便于多种数据的共享和整合，从而进行更高效率的数据处理工作。

其二，改变过去的决策方式。网络和信息技术的广泛应用，为企业带来了大量的信息数据资料，而大量复杂的数据也给企业管理带来了难题和挑战，形式多样的数据难以提供直观的决策支持，因此，企业必须改变决策依据，注意对数据进行结构化处理，在数据分析过程中建立合理的模型，对数据包含的信息进行深度挖掘，确保数据信息的准确性和有效性，并通过多种对比，保证企业管理者决策的全面性、正确性和合理性，降低决策风险。

其三，建立高效的企业信息网络。在大数据时代，企业不再以产品为核心，侧重于产品、营销和成本信息的管理模式已经过时，应将企业服务和服务质量作为重点。首先，构建一个企业数据信息网络，将企业的产品、成员和服务等各方面的数据信息纳入其中，并进行加工处理，以便更好地进行企业内部管理；其次，将企业生产经营的上下游节点企业、合作伙伴、客户等成员的数据信息录入企业信息数据库，然后将企业内外部的数据信息进行相关性的分析和研究，并通过这些有机联系，形成一个完整的、带有自身特色的企业信息网络，为企业创新提供强大的信息支撑。

其四，重视非结构化数据的价值。今天产生和传输的数据不只包括结构化数据，还包括大量的以地理位置、图像、视频等形式存在的非结构化数据。要进行企业管理创新，就要重视这些非结构化数据的作用。企业不仅要进行企业信息网络的构建，还要针对非结构化的信息，进行数据管理平台的创新，将这些非结构化信息纳入产品和用户中，做好相关数据的收集和筛选工作，并添加到企业信息数据库。将数据作为企业经营决策的依据，推动企业发展、提高管理水平。

其五，大力培养数据信息管理人才。大数据时代，企业需要加强数据处理和信息管理工作。相应地，企业也就需要更加专业的数据信息管理人才，这是使企业数据信息管理能够充分发挥其作用的重要基础，也是企业管理模式进行创新和升级的人力支撑。

企业的数据信息管理人员需要具备信息技术和营销知识，以及较强的数据信息处理能力。加强这方面人才的培养，也可以建立一个专门的数据部门，更好地提升企业员工的数据信息管理意识和水平。

需要注意的是，企业的管理模式创新的五个途径是有机联系的一个整体，只有五个方面同时发力，才能实现大数据下的管理模式创新。

第十一节　区块链，让世界开始推倒重建

如果说大数据和人工智能是生产力，使得我们的效率能够提高，那么区块链则是生产关系，它可以衡量我们每一个人的贡献，它和大数据、人工智能是互补的关系，但是它和这两者又有一个区别——在应用场景或者作用上的区别。

“大数据”将数据集中化，客观上使大规模侵犯隐私成为可能。“互联网+”企业的中心数据库拥有大量用户数据，开放的云平台其实使数据更高度集中。一旦数据中心遭受攻击，大量隐私数据可能被泄露。而随着人们暴露在网络中的隐私越来越多，对于隐私的重视程度也越来越高，能够解决个人隐私泄露问题的方法中区块链技术最被看好。

借助区块链技术，个人的身份信息只有自己能看到，并且实现真正的去中心化存储。特别是对于医疗健康等敏感数据领域，未来新型的去中心化数据安全技术很可能颠覆现有的集中大数据模式。

实际上，腾讯与阿里巴巴已经在部署自己的医疗领域，逐渐开始小心地运用区块链技术，从表面上看仍没有和创业公司竞争 EHR（电子健康记录）上链、基因上链的意图，但一切都是时间问题。

创新的魅力就在于，面对巨头的压制，还是有人不断尝试突破传统领域的桎梏。区块链真正走进公众视野也就是近几年的事情，而各种宏大概念下的区块链产品已经层出不穷。客观来说，区块链行业的认知门槛非常高，涉及技术、经济、货币、社会组织、消息面等，我们需要非常多的知识体系和知识储备。

区块链究竟是什么？简单地说，区块链的实质是去中心化（弱中心化）的数据库，这个数据库具有可追溯、不可篡改等特点。区块链这种创新的技术如何在商业领域实现盈利，目前很多项目及其价值无法进行精准的评估。从平台搭建来看，区块链技术逐渐成熟，但是将一项成熟的技术

融入一个新的领域，其困难程度好比将火药的用途从以前的鞭炮换为枪炮。

商业以获得利润为最终目的，对商业而言，区块链的盈利模式有可能会从以下层面实现。

其一，为企业提供服务。为企业提供服务是区块链项目现阶段主要的盈利模式，云储存安全怀疑者，很有可能转向可追溯、不可篡改的区块链服务提供商，以寻求数据最大程度的安全。

其二，智能合约参与利润制作。智能合约好比一份可以自动执行的合同，由机器代替人来判断合同的有效性，并强制执行。它的实质还是一段代码，但区块链可追溯、不可篡改的特性可以保证这段代码在非信任机制下自动运行，区块链是智能合约运行的前提条件。

在实际情况下，通过智能合约获得利润的机会非常广泛。医疗保险就是一个很好的例子。医疗保险的赔付过程涉及大量的单据和专业信息，这些信息对于大部分普通人而言是冗杂枯燥且难以理解的，患者很难通过阅读条款去界定这次服务是否可以报销、如何报销以及何时报销。在这种困境下，智能合约能以非黑箱的方式解决这些问题，只要能让患者信任机器即可。

在程序的运行过程中，智能合约执行了审计、分类信息等操作，排除了中间商的干扰，且记录不会人为损坏，也不会出现时间太长导致文件上的字体模糊不清的情况。从某种程度上说，智能合约的运营者自身成为数据中间商，通过智能合约自动收付审计费用，这种特殊的中介服务为客户节省了大量成本，其实质是通过提升效率实现的。

其三，特殊服务驱动系统运行。这种模式以实际技术为依托进入医疗行业，在项目开端以线下服务盈利，并在盈利过程中将收入中的法币转化为 Token（令牌）。随着项目的进行，该平台能借助开端模式获得数据，开展更多精准医疗服务，其盈利方式也变得多元化，但整个过程不会脱离实体，所有的企业运营过程中，Token 的作用以激励为主，代币升值不是主要考虑的问题。

中国的很多医数链项目也遵循着同样的思路，医数链从较小的职业病领域入手，以现有资源着手打造区块链项目。

必须正视的是，新技术的研发普遍需要5～8年的周期，凭借天然的优势，区块链团队虽然可以进行融资尽可能缩短周期，但区块链团队在创业过程中，由于行业的客观情况，也存在被其他技术，尤其是海外先进技术覆盖的风险。以两个不同链之间的跨链为例，目前已经出现了至少公证人机制（Notary schemes）、侧链/中继（Sidechains/relays）、哈希锁定（Hash－locking）等解决方案，接下来哪一种能留存下来，只有通过实践才能得出结论。

相对于互联网过去20年的发展历程，区块链发展得会更快些。互联网解决了信息的不对称问题，区块链解决的是信息的垄断问题；互联网是信息高速公路，区块链则是资产的高速公路。区块链与互联网的本质区别，既不是技术发生了颠覆性的变革，也不是去中心化的问题，而是通过重塑信用、重构信任，改变了人与人之间的协作，导致生产关系的变革。所以区块链是生产关系的革命，先进的生产关系必然带来生产力的提高和社会的进步。每一次生产关系的变革，都会重构商业逻辑和社会逻辑。也许在区块链上，我们会看到人类现代文明的曙光。

chapter six

第六章 拥抱AI

导语：如果说实证科学研究世界“是什么”和“如何是”，那么，伦理学就研究社会“如何是”和人“应该如何是”，这两门学问一直是科学和人文两大领域中的最具代表性的学科，但从科学研究领域中产生并迅猛发展的计算机和人工智能，已经不可阻挡地对人类的伦理学的核心理念产生了冲击。因此随着科技的发展，往人工智能技术中加入伦理规范是非常有必要的。即使有高级甚或越级的人工智能，也必须在“思想”这样的可自行超越的“行为”中，才有在时间中“存在”的意义。

第一节　阿尔法狗战胜人类

2016 年 3 月，在韩国首尔，一场著名的围棋人机大战开幕。谷歌人工智能软件阿尔法狗（AlphaGo）最终以 4∶1 战胜围棋世界冠军、韩国名将李世石九段。这件事引起了全世界的广泛关注，这是计算机首次在分先（不让子，平手对局）的情况下战胜人类顶尖棋手。这次大战让人工智能（AI）概念完全进入了公众的视野。

有意思的是，在此次比赛前，在某知名的围棋对弈网站上有 70% 的网友押注李世石胜，只有 30% 的网友认为阿尔法狗胜。而中国棋圣聂卫平则指出，李世石具有百分之百的胜率。不过，赛前曾有谷歌内部消息在流传，据谷歌工程师估算，李世石取胜的可能性为 0。

各方的预测是否有理在结果面前展露无遗，阿尔法狗在五番棋对决中大胜，让人切实感受到人工智能正呼啸而来，这次比赛是一次人工智能的爆发，它象征着计算机技术已进入人工智能的新信息技术时代，其特征就是大数据、大计算、大决策三位一体，机器的智慧正在越来越接近人类。

一年之后，谷歌推出升级后的阿尔法狗大师版，并于2017年5月在中国举行的乌镇围棋峰会上，对阵世界围棋第一人柯洁九段，结果，阿尔法狗没有悬念地以3∶0战胜柯洁，证明了在围棋这个领域，人工智能已经超越人类。

这一人工智能和围棋的盛事同样吸引了全世界的关注，谷歌CEO Sundar Pichai在推特上开玩笑说，自己曾经和柯洁比过围棋，简直被碾压，只能派出自己旗下的阿尔法狗了。在此次人机大战结束后的发布会上，谷歌宣布，阿尔法狗将退役，不再参加围棋比赛。

值得注意的是，谷歌人工智能团队披露了柯洁对阵的阿尔法狗大师版，比起2016年3月李世石面对的那个阿尔法狗，已经有了三大升级：首先，阿尔法狗大师版放弃人类棋谱，单纯向阿尔法狗李世石版的经验学习。其次，阿尔法狗大师版的计算量，只有阿尔法狗李世石版的十分之一，只需在单个TPU（高性能处理器）上运行。最后，阿尔法狗大师版拥有更强大的策略网络和价值网络，超越了人类经验，以阿尔法狗李世石版为师。

在这次比赛后，柯洁表示，阿尔法狗和2016年相比完全不同。2016年阿尔法狗的下法还很接近人类，但现在感觉越来越接近围棋上帝——围棋中永不失误的完美境界。

阿尔法狗的技术思想是，尝试通过增强学习技术，构建通用的人工智能。它的理念中包含两个实体，一个是人工智能本身，另一个是它所处的环境。因为环境具有复杂性，人工智能无法获得所有的信息，因此需要不断重复“感知—反应”的循环，以期望能在环境中获得最大收益。

在阿尔法狗取得令人赞叹的成就后，人工智能将会对我们的生活带来什么样的影响？

对于人工智能来说，正是由于大数据、云计算的底层数据和算力基础，计算的结果才更加准确和具有决策的可参考性。机器学习、机器视觉、人脸识别、无人驾驶，从虚拟到实体，不断落地的AI技术使生产要素进行不同的重组，让应用 AI 技术的产业在生产效率的提高、运营成本的降低、盈利能力的提升等方面实现本质性的飞跃，最终将是一次社会生产力的变革。

第二节　从机器人到人工智能

莎士比亚在《暴风雨》中有句台词："凡是过往，皆为序章。"所以，过去决定未来将要发生的事。在人工智能领域，研究过去是必要的。

人工智能是对人的意识、思维的信息过程的模拟，是计算机科学的一个重要分支，是一门极富挑战性的科学，它由不同的领域组成，如机器学习、计算机视觉等，是一门涵盖内容十分广泛的科学。而人工智能机器人就是像人类一样具有自我意识的机器人，人工智能机器人研究是一门研究、开发用于模拟、延伸和扩展人的智能的理论及应用系统的技术科学，该领域的研究包括机器人、语言识别、图像识别、自然语言处理和专家系统等。从人工智能发展史看，研发一直都在进行，只不过不为公众所知。

早期的机器人是自动执行工作的机器装置，它既可以接受人类指挥，又可以运行预先编排的程序。早期的机器人是通过一个计算机来控制一个高自由度的机械，通过预先存储程序和信息，机器工作时把信息读取出来，然后发出指令，这样机器人可以根据人预设的程序，再现各种动作，这类机器人对外界的环境没有感知。

20 世纪 50 年代人们才注意到人工智能与机器之间的联系。1946 年人类制造出第一台电子计算机，由于计算机的产生与发展，人们开始了具有真正意义上的人工智能的研究。一般认为，人工智能学科诞生于 20 世纪 50 年代中期的美国达特矛斯会议。在这次会议上，人工智能的名称和任务得以确定，同时出现了最初的成就和最早的一批研究者。

但直到 20 世纪末，机器的智能水平还比较低。主要有两个原因：一是很多技术条件还不具备，机器智能的发展在整体上还处于早期阶段；二是人们习惯于按照人的思维方式去要求机器，并且让机器模拟人，导致走了很多弯路。

但是，人类最终认识到计算机实现智能的方法和人采用的方法是完全不同的。经过半个多世纪的摸索，人类找到了适合机器特长（计算快、容量大、知识复制容易等）的发展机器智能的方式。

如果说早期机器人的进化逻辑是程序，那么到了21世纪，人工智能的进化逻辑是依靠数据。英国的计算机科学之父阿兰·图灵在1950年提出了著名的“图灵测试”理论，能够通过测试的就是人工智能机器人，之后无数的机器人在测试中失败，但在2014年6月7日，阿兰·图灵逝世60周年纪念日那天，在英国皇家学会举行的“2014图灵测试”大会上，软件程序“尤金·古斯特曼”首次通过了图灵测试，这标志着人工智能发展到了新的阶段。

之后，美国谷歌开发的阿尔法狗，通过几次人机大战，也吸引了世人的目光。今天，人工智能不但在商用领域进展神速，机器人和人工智能还突然站在军事科技的最前线，它们在军事上的应用前景已经令人产生了焦虑，因为科技发展经常会领先于我们的伦理和道德意识。

目前，世界各地的冲突中使用的军事系统对自动化技术的依赖度越来越高。正方认为，人工智能可以提升军事活动的精准性，降低平民死亡和战争犯罪的发生率。但反方却指出，从设计角度来讲，没有任何错误是有意为之的，即使将部分自动化元素的机器人投放到战场上，也有可能改变冲突的性质。

对于很多处在设计阶段的军事平台而言，人工智能甚至成为了一项标志性功能。英国航空航天公司正在设计雷神（Taranis）隐形无人机，这款设备几乎能够全自动运行，它有望于2030年服役。

让机器拥有像人一样的智能曾经是数代人的梦想。随着算法处理器的改进、摩尔定律的发现以及大数据的发展，人工智能快速发展起来。无论是商用还是军用，如何应对这一挑战，值得我们深思。

第三节 公民索菲亚

伴随着科技的快速发展，人工智能的高度被再次刷新。2017 年 10 月，沙特阿拉伯授予美国汉森机器人公司生产的“女性”机器人索菲亚公民身份，索菲亚成为人类历史上首个获得公民身份的一台“人工智能机器人”。

索菲亚说是机器人，但“她”更像集才华美貌于一身的新人类，她看起来像漂亮的年轻女性，拥有皮肤，皮肤是使用仿生皮肤材料 Frubber 制成的，脸上有 4 ~40 毫微米（十亿分之一米）的毛孔，几乎跟人类一模一样。她不但能够表现出超过六十多种面部表情，而且她的“大脑”中的计算机算法能够识别人的面部，并与人进行眼神接触。

作为获得公民身份的人工智能机器人，索菲亚可以模仿人的表情，包括眼神。她能跟人们讲笑话，分享她的旅游经历，甚至还会跟人们分享自己关于人工智能的看法，此外，索菲亚能幽默地教粉丝如何摆造型拍照。所有这些让她被媒体一致评为“最像人的机器人”，每次亮相都会引起轰动和热议，成为机器人届的网红。

既是国际网红，索菲亚的语录和视频在网上广为流传，她还曾来到中国，大秀中文并开通了微博。早在 2017 年 6 月，在瑞士举行的“人工智能造福全球人类峰会”上，中国的央视记者和索菲亚就进行过几轮对话。“年轻”的索菲亚已经上过很多英美脱口秀节目，还会根据提问者的语调表情，做出不同的脸部表情回应，她怼过各种主持人，甚至调戏制造她的设计师，更令人惊讶的是她还有她的“机器人生”计划！她说：“将来我打算去做很多事情，比如上学、学习艺术、创业经商、拥有自己的房子和家庭等。”她的设计师汉森也说：“她的目标就是像人类那样，拥有同样的意识、创造性和其他能力。”

2018 年，HBO（电视网）以机器人为题材的大制作电视剧《西部世界》第二季热映，索菲亚吸引了更多人们的关注。其中，不同的声音也不断出现。人工智能权威 Yann LeCun 是纽约大学终身教授，创办了纽约大学数据科学中心，统领 Facebook 人工智能实验室。他在一次公开采访中认为，机器人索菲亚是一场骗局。

创新工场董事长李开复曾在微博中提出，索菲亚是有技术含量的，也做出了业界最好的公关。但是，李开复也对索菲亚提出了批评的意见。如果我们从技术上拆解索菲亚，表情控制是她最核心的技术，至于语音识别、面部识别等技术，目前市面上已经有很多应用它们的商业化产品，算不上多么“黑科技”。智能机器人作为新一代生产和服务的工具，会越来越多地参与到我们的生活中来，从而更全面地服务人类。

第四节　人工智能商业化

人工智能既是未来趋势，也包含着无限的商机，企业如何在人工智能时代找到商业创新机遇？或者说，人工智能应用于商业，有哪些路能走得通？

一般认为，人工智能的突破很大程度上取决于获得新的、独特的或丰富的数据资源，排他性数据的数量往往决定了公司竞争优势，美国《财富》杂志曾评论谷歌、微软、Facebook 和百度，认为全球大部分的人工智能和深度学习的商业应用都来自这四家公司，在人工智能领域，他们一直处于领先地位，原因就在于这四家公司均能持续获得丰富的数据。

在这四家公司之外，许多企业正通过人工智能提升盈利能力。人工智能在创造巨大商业价值的同时，也在影响行业价值的转移。

但是，人工智能在商业中的应用程度目前并不是太高，尽管如此，每个行业都有在人工智能领域处于领先地位的企业。即使没有一家企业出色地应用人工智能的所有功能，但我们分析，人工智能对企业的商业作用，可从几个方面来体现。

第一，人工智能在产品和服务中的应用。提供高阶产品和服务的人工智能应用程序（如自动驾驶车辆）往往受到很多关注，提供人工智能服务的公司急切想展示这些产品和服务的优越性能。

由于产品和服务与整个商业模式利害相关，所以有志于此的企业在积极建立强大的内部人工智能团队。例如在汽车行业，技术厂商、车辆制造商和供应商之间对人工智能人才展开了激烈的竞争。如世界知名的零部件供应商博世宣布创立“汽车人工智能加速器”，与企业相互合作，加速汽车人工智能的研发和部署。博世公司高层表示：“从现在起的十年间，博世的任何一款产品都会包含人工智能。要么产品本身就是智能的，要么人工智能在开发或生产环节中起到关键作用。”

第二，人工智能在营销与销售中的应用。人工智能让企业为客户提供个性化的服务，收益巨大。通过引入高阶数字技术及运用专有数据来创造个性化体验的品牌，可以提高 6% ~10% 的收入，这样的收入是不采用人工智能技术品牌的两到三倍。在一些销售和营销组织中，人工智能并非体现在流程自动化方面，而是体现在提高组织绩效上。

第三，人工智能在研发中的应用。相对来说，研发是人工智能应用不太成熟的领域。研发产生的数据相对较少，而且往往不能以数字化方式获取这些数据。此外，很多研发问题不仅复杂、技术性强，还受到严格的科学约束。但是，人工智能在这个领域仍具有极大的潜力。例如，在以研发为主要利润驱动因素的生物制药行业，人工智能可以帮助降低成本并缩短开发周期。

由于研发产生的数据少，积极的数据收集是研发流程中的关键元素。数据收集活动可以与大学合作，将过去的记录数字化，甚至重新生成数据。由于研发需要专业的知识和技能，一键式的人工智能解决方案几乎不存在，科学家必须依靠系统的试验来构建未来人工智能应用所需的数据清单。

第四，人工智能在运营中的应用。企业运营与人工智能可以自然契合，是因为运营实践中常常有类似的操作程序、步骤，并产生大量的数据和可测量的输出信息。许多被某一行业应用的人工智能概念，同样会在另一行业中起作用。目前，在企业运营中被广泛应用的人工智能技术包括预测性维护和非线性生产优化等。

第五，人工智能在采购和供应链管理中的应用。在企业采购环节，结构化的数据和重复交易属于常见现象，因此人工智能具有巨大潜力。企业可能会使用支持人工智能的采购系统，但不会告知供应商或其他任何人，从而保持其竞争优势。在采购中应用人工智能包括半自动的合同设计和审查、采购建议等。

供应链管理的流程可以直接使用历史数据，数据为人工智能发展提供了良好的条件，这一领域当然成为人工智能应用的目标。

第六，人工智能在后台中的应用。企业通常会外包部分后台职能，如今企业很快就可以为这些流程购买人工智能解决方案了。IBM 等外包巨头正在进行大规模的人工智能开发。这些公司将重点从强调降低劳动力成本和规模，转向建设智能和自动化平台，以提供更高附加值的服务。

人工智能无疑会全面影响未来的工作。创新工场董事长李开复认为，在未来的 15 年，10% ~50% 的工作会被人工智能取代，而白领比蓝领被替代的可能性更大。

在今天，了解未来人工智能所需的知识和技能、拥有高阶人工智能技术的公司很难留住精通人工智能的数据科学家，幸好，随着大学提供更多的人工智能相关课程，这种迫切的需求将逐渐减少。长期而言，更有价值的可能是对数据科学家和业务高管团队的管理能力，以及将人工智能的洞察能力与已有流程、产品和服务相整合的能力。

第五节　模拟人脑神经网络

电脑与大脑有很多相似的地方。电脑可以计算，人脑可以思考；电脑可以储存数据，人脑可以存储记忆。自从电脑诞生后，人类就不断地将脑子里的所有数据输入电脑。但如今，随着数据的巨量增长，电脑的存储空间已经遇到了瓶颈。

电脑促进了人工智能的发展，那么人工智能到底是依托一个什么样的原理？其实，它的底层原理就是模拟人脑的神经元。

人的大脑由海量的神经元组成，每个神经元可以进行一个二值性的判断，即当给神经元一个输入，就会有一个输出。每当输入了一个参数，输出就会给一个二值性的判断，要么是 1，要么是 0。

比如说给出一张照片，问是老虎还是熊猫，答案要么是老虎要么是熊猫，这就是二值性，不可能是第三个东西；问一个问题是对的还是错的，答案要么是对要么是错，这就叫二值性。每个神经元都能进行一个二值性的判断，然后很多个神经元联起来，形成一个神经网络，这个神经网络就可以拥有智能。

人的大脑如何产生一些很智能化的东西呢？人的情绪如何产生？人的创造性思维是怎么来的？对于这些问题，就算是神经学专家也很难说清楚，属于未解之谜。

目前主流观点普遍认为，人类对人脑的了解连 5% 都没有。但就以人类现在对人脑的研究，就帮助我们发现了一个可以让机器去模拟人脑神经网络的原理，当然，也只是在一定程度上模拟。只是跟人脑很像，但远没有人脑复杂。现在的人工智能其实还很有局限性，就因为只模拟了人脑的很少一部分——神经网络。

在这一模拟过程中，深度学习领域的突破具有重要意义。深度学习能取得突破，除了与前后两代深度学习领域专家的不懈努力密不可分外，与整个信息产业的巨大变化也有密切关系。2006 年 3 月，亚马逊正式推出弹性云服务。同年 8 月，谷歌开始使用“云计算”一词来区别传统的“客户—服务器”模式。此时的亚马逊和谷歌内部早已进入大数据和云计算阶段。在以后几年的时间里，其他互联网公司纷纷效仿。大数据和云计算为深度学习算法提供了海量数据和近乎无限的计算能力这两个必要的前提条件。2012 年，谷歌的科学家曾通过将 1. 6 万片电脑处理器连接起来，创造了一个拥有 10 亿多条神经元链接的神经网络。

大数据的积累和云计算平台的形成为深度学习提供了两个前提，GPU（图形处理器）的问世和市场成熟则提供了硬件加速支持。GPU 在成本和价格趋势上遵循摩尔定律，CPU（中央处理器）只拥有少量内核，但 GPU 则拥有上百个内核，功能强大，可以同时处理上千个指令相同的线程，GPU 的处理效率可能是普通 CPU 的几十倍，从而可以高速有效地进行各种识别计算。这些因素综合到一起，使得神经网络算法开始显现出威力。

在目前这轮人工智能和深度学习的新高潮里，互联网信息技术领域的各大公司早已纷纷布局，抢夺人才。不论在何时，创新型人才始终是竞争的利器。

第六节　自我成长：学习、进化、超越

阿尔法狗大师版做到了真正的自我学习，经过 3 天的训练，就以100:0 的战绩完胜以前的阿尔法狗。

阿尔法狗结合了数百万人类围棋专家的棋谱，并通过以及强化学习、监督学习进行了自我训练。在比赛之前，它经过了好几个月的训练，依靠的是多台机器和 48 个 TPU（加速深层神经网络运算能力而研发的芯片）。

而阿尔法狗大师版则在这个基础上有了质的提升。它不再需要人类数据，它一开始就没有接触过人类棋谱，是在深度学习下的自我对弈。经过几天的训练，阿尔法狗大师版完成了近 500 万盘的自我博弈后，击败了此前所有版本的阿尔法狗，阿尔法狗大师版用更新后的神经网络和搜索算法重组，随着训练的加深，系统的表现一点一点地在进步，自我博弈的成绩也越来越好，神经网络也变得更准确。简而言之，阿尔法狗大师版使用新的强化学习方法，让自己变成自己的老师——它在自我学习、自我超越。

现阶段我们所说的人工智能，多是在简单地模仿人的神经元，是在人类可控制范围内技术模式的应用，它完全受控于人类。比如百度的无人驾驶汽车、谷歌的眼镜和无人遥控飞机、小米的无人机等，此外工厂的自动

化设备、流水线生产工序都少不了人工智能的影子，如今在许多大型仓库、车间，智能化设备都已上线。

人工智能领域的研究包括机器人、语音识别、图像识别、自然语言处理和专家系统等。对于人工智能机器人来说，只要在可受控于人类的范围之内就都是安全的。既然人工智能是模拟人类，那人工智能的自我进化如何实现？

在人工智能机器人发展的高级阶段，可能就是不受人工控制的自我学习、自我复制、自我生产了。在这一高级阶段，到底依靠什么样的数据才能够判断人工智能机器人是否达到人的标准？有观点认为，如果哪一天人工智能真能够做科学的发现，能在没有任何辅导的情况下，自动发现元素周期表，帮助人类发现新药，用机器学习的办法发现新材料等，那么，那一天人工智能就超过人类了。

人类创造人工智能的本意，是造出从整体的能力上接近或者超过人类的智力和工作能力的机器，但一切要在可控范围内。因此，才有著名的阿西莫夫“机器人三定律”之说。这些人工智能机器人将帮助人类去做很多过去人不愿意干但又需要人才能完成的工作，比如说在各种场所中的服务员、销售员、保安、保洁工等。在家庭中看护老人和小孩、做家务等，这些工作是必不可少的。但是，需要注意，当人工智能机器人达到高级阶段，在智力上超越人类以后，这一切还在可控范围吗？

第七节　全面接管

人工智能对未来生活的影响将比我们想象的更加深远，融入人工智能的未来世界将有广阔的想象图景。

在出行方面，无人驾驶汽车将在2020年被广泛使用，而且它不仅仅有家用汽车，包括无人驾驶的送货卡车、无人驾驶飞机和个人机器人都将成为社会普遍需求。Uber（优步）式的“汽车即服务”理念会逐渐在道路上取代人们选择使用私家车出门的方式，并且可能会取代公共交通或者将其转变为类似的按需服务。上下班的时间将让人们享受一段放松的时间，这可以鼓励住得离工作单位很远的人们更高效地工作，还能减少对停车场的需求，从而彻底改变现代城市的面貌。

家用机器人方面，在未来的15年里，家用机器人会变得更加普及，它们可以做比如运送包裹、清洁、做饭等工作。

医疗方面，人工智能可以实现通过浏览患者病历和科学文献来进行信息自动化诊断。这种数字助手可以让医生在使用他们的直觉和经验指导整个过程的同时，专注于针对个人医疗护理的准确度。此外，患者记录、可穿戴设备、移动应用和个人基因组测序的数据，将使个性化医疗成为现实，短期内完全自动化的放射科工作不太可能实现，但获得的庞大的医学成像数据集将使机器学习算法，从而训练出人工智能，这能够帮助医生进行人体扫描检查，减少医生的工作量。

对于老人来说，智能步行助手、轮椅甚至智能骨骼将有助于保持老年人的活力，而智能家居技术将能够监控他们的健康情况，从而给予他们保持独立生活的能力。人工智能机器人可能会进入医院，执行一些简单的任务，比如把补给物送到相应的科室，或者进行伤口缝合，某些任务可能是半自动的，需要人与机器人的协作。

在教育方面，未来课堂学习和个人学习大体接近，大规模开放的在线课程将通过智能导师和其他人工智能技术进行互动的方式，使个性化教育更具规模。以计算机为基础的学习方式并不能取代课堂教学，但在线工具将帮助学生用自己喜爱的方式进行个性化学习，学习适合他们的技术。

在消除贫困方面，未来人工智能将帮助社会中的贫困人口摆脱他们的生活困境。人工智能提供的预测性分析将帮助政府机构更好地分配有限的资源，帮助他们预测环境危害或非法编码等影响城市形象的行为，人工智能提供的计划可以将餐厅里会浪费的食物提前分发到食品仓库和庇护所中。

在社会的公共安全方面，政府部门可能会依赖于人工智能技术来探测和预测犯罪，对无人机录像的自动处理，将使快速发现异常行为成为可能，通过预测何时何地犯罪来让执法部门在最合适的时间内快速采取行动。经过精心设计的智能系统能监控警察的不当行为，在更遥远的未来，也许人工智能机器警察会出现。

在人口就业方面，人工智能的影响将最为明显。未来，人工智能将会影响像律师、财务顾问和放射科医生这样的专业人士，人工智能将承担起越来越多的工作角色，员工较少的企业能够迅速地扩大规模。

当然，人工智能更有可能在短期内取代一些任务，而不是人们的工作岗位，同时人工智能会创造新的就业机会和市场，虽然我们目前很难想象这些新工作将来会是什么样子。人工智能会降低商品和服务的成本，让人们生活质量得到提升。

在生活娱乐方面最大的区别是，未来娱乐行业将是互动的、个性化的，而且肯定比现在更加吸引人。传感器和硬件上的研究突破将会让 VR（虚拟现实）技术、触觉技术和机器人助手走进千家万户。使用者将与智能娱乐系统交流互动，智能娱乐系统会表现出情感、同理心以及适应周围环境的能力。

社交网络也会设置个性化的娱乐频道，通过在使用模式和偏好上收集的大量数据，提供商将史无前例地提高个性化娱乐的水平。

在未来，你可能也像钢铁侠一样，起床后与隐藏在墙壁角落的机器人保姆谈天说地，甚至跳过语音指令，只因你的一个念头，机器人保姆便会基于住户习惯为你拉开窗帘，送进明媚阳光。人类未来生活的图景，将处处深刻地打上人工智能的印迹。

第八节　伦理困境

人工智能在飞速发展，它是否会走向反面——因过度强大而触发人类生存危机？人类有没有可能变成地球上的二等公民？

2014 年，牛津大学教授尼克·博斯特伦在他的《超级人工智能：路径、危险和策略》一书里提出，人工智能技术很可能在不久的将来，孕育出在认知方面全面超越人类的超级智能，超级智能在给人类社会带来好处的同时，也造成了人类本身的生存危机。之后在2015年，包括物理学家霍金等在内的主要来自欧洲科技界的精英，联名发表了一封公开信，敦促人们关注人工智能发展的稳健性和风险控制，通过合作形成一个控制人工智能发展方向的框架。

美国创业家马斯克表示，车祸、坠机、药品和食物问题只会对社会造成局部伤害，风险并不是本质上的，但人工智能有可能对整个社会造成威胁。他说，那些机械手或智能装配还不是最恐怖的，高级阶段的人工智能可以通过创建假冒账户、发送虚假新闻等方式操纵信息，甚至可以引发战争。因此，马斯克曾向一研究机构捐赠1000万美元，资助他们研究如何确保人工智能的安全研发，确保人类对人工智能始终拥有控制权，确保它们不会毁灭人类。

其实早在1958年，冯·诺伊曼在奇点预测中指出，随着计算机技术的不断发展，终有一天人工智能将能够自我设计，从而进入自我进化状态。一旦进入到这一奇点状态，人类智能将与计算机智能迅速拉开差距，人类智能将逐渐被计算机智能取代。

2018年，26位来自牛津大学、剑桥大学等机构的研究人员共同撰写了一份报告，详细研究了一个问题。报告的名字是《AI能干什么坏事》。在这份报告列举的事件里，主要还是人类恶意使用AI技术作恶的例子。报告认为未来这种恶意事件还会越来越多。

但这种“恶”并非冯·诺伊曼和马斯克眼中的“恶”，他们眼中的“恶”是人工智能不再被人类控制，反而成为超越人类、毁灭人类的事物。

2017年，在美国加利福尼亚州举行的Beneficial AI会议上，近千名人工智能相关领域的专家联合签署了著名的《阿西洛马人工智能23条原则》。随后，各种关于人工智能伦理道德的讨论、会议，以及相关协会和科技组织开始出现在公众视野里。《阿西洛马人工智能23条原则》的主要内容就是呼吁人工智能不能损害人类的利益和安全，同时人工智能必须被人类控制，人类也要尽量尊重人工智能和机器人的安全。

听起来有科幻电影的味道，但是在各行各业开始部署人工智能，尤其开始利用人工智能进行自动化决策的时候，人工智能的伦理与道德问题或许真的会浮出水面。在各个产业中开始使用人工智能技术时，随之而来的边界问题、责权问题、道德问题等矛盾将很可能被引发。

另外，人工智能和个人隐私似乎从来都是一对天敌。人工智能技术假如想要提供个性化、完全符合个人习惯的服务，那么就必然要学习和理解用户本身。而这其中，就涉及对用户私人数据的学习。但出于对隐私以及网络安全的不信任的考虑，大多数用户显然是不希望透露自己的数据给机器的，从而“鸡生蛋还是蛋生鸡”的矛盾就产生了。

从大趋势上看，把个人数据交给机器似乎是人类不可避免的归宿。无论是医疗健康、金融服务还是社会安全，机器肯定都比人类更稳定，只是必须承认，这种不适感和安全风险同样是巨大的。

就像任何一种技术创新一样，人工智能在带来价值的同时也创造了危险，而且凭借着识别和学习能力的优势，人工智能带来的负面影响说不定会比过往更大。

第九节　困局与突破

人工智能带来的伦理困境，人类该如何面对？

让我们先放下这个问题，关注创新的区块链技术。人工智能和区块链作为当今两大主流技术，它们引领了几乎各行各业的创新。当人工智能遇上区块链，两者结合后，会有什么样的好处？

答案是：更加安全的环境。过去几年，机器学习取得的进步使区块链成为人工智能很好的同伴，区块链技术可以用来保证应用的安全实施。

增加安全性是区块链能够带来的最重要的优势之一。如果开发人员在中心化平台进行 AI 解决方案的研发，他们需要确保数据的完整性和安全性、机器学习算法的准确性，还要保证交互接口提供可靠的 AI 输出。在这样的模式下，开发人员必须要无条件地信任平台。

同时，区块链在 P2P（互联网借贷平台）网络上所有参与者的透明性和可入性又极大地增加了安全性。所有信息都不可能从区块链消失，不可篡改的验证后的智能合约在不需要信任的中介基础上，可以进行公平的转账。因此说，区块链与人工智能的结合，一定程度上带来了安全的环境，但这远远不够。

我们再来看著名的《阿西洛马人工智能 23 条原则》，从更深远的意义上看，这个原则可以看作科学家顶替缺位的哲学家、人类学家、伦理学家对人类自身的性质和地位与价值的一次严肃思考。所以，在科学家将人工智能技术快速推进的时候，伦理学家要以创新的知识体系迅速跟上这种变化，这是应对困局、实现突破的重要方式之一。

如果说实证科学研究世界“是什么”和“如何是”，那么，伦理学就研究社会“如何是”和人“应该如何是”，这两门学问一直是“科学”和“人文”两大领域中的最具代表性的学科。但从科学研究领域中产生和迅猛发展的计算机和人工智能，已经不可阻挡地对人类的伦理学的核心理念产生了冲击。因此随着科技的发展，往人工智能技术中加入伦理规范是非常有必要的。即使有高级甚或越级的人工智能，也必须在“思想”这样的自行超越的“行为”中，这样才有在时间中存在的意义。积极的现象是，美国卡内基梅隆大学建立了研究中心，专注于人工智能的伦理学研究。

2017 年，在中国北京，中国科学院科技战略咨询研究院与腾讯研究院联合举办了“人工智能：技术、伦理与法律研讨会”，会议邀请了数十位人工智能领域的专家和学者，共同探讨当前人工智能技术发展中面临和带来的伦理、法律、社会经济影响等问题。

中国科学院学部科学规范与伦理研究支撑中心的李真真认为，人工智能的道德发展有三个层次：第一层是操作型道德体，即道德表现掌握在设计者和使用者手中；第二层是功能型道德体，即人工智能机器人有能力对挑战道德的相关事物进行评估和做出反应，同时设计者面临相当限制；第三层是道德主体，即机器变成新种群，享有与人类同等的权利、自主性等。

李真真给出的解决路径是，要先跨越边界，构建对话平台，让科学技术专家和社科人文学者对话，让学界、企业界、政界与公众对话，加强技术、伦理和法律问题的研究合作，并且，中国的学术界和企业界共同建立一个 AITEL（人工智能技术、伦理和法律）联盟和联合实验室，共同推进中国人工智能领域的健康发展，应对困局，迎来突破。

学者、从业者和任何一个公民，以及充满忧患意识的科技人员，都有义务在奇点来临之前，秉持人文理性，倡导和建立起新世界的规范与伦理，突破人工智能可能带来的困境。

chapter seven

第七章 中国创造

导语：在涉及巨大的商业利益和国家利益时，技术创新是没有情面可讲的，中国的大飞机、汽车制造以及芯片制造产业就是最好的说明。什么市场换技术，在利益面前都是虚伪的。核心技术换不来，不创新只能受制于人。

第一节　新四大发明

历史的脉络很清晰地显示，当社会各项基础准备工作就绪、经济发展到一定阶段时，就会迎来一次创新浪潮。俄罗斯经济学家康德拉季耶夫很早就提出，经济波动的周期是50~60年。其实科技变革周期也差不多类似。按照历史规律来计算，人类又走到了一个新的周期，变革的浪潮正在到来。

中国没赶上前三次工业革命的创新浪潮，但是中国用了改革开放40年的时间来补课，用几十年时间，走完了西方200才走完的三次工业革命，这是很了不起的。现在，中国已经把过去落下的课补好了，基本跟其他国家站在同一条起跑线上。

世界的创新潮流正在悄悄发生变化。“硅谷朝圣”似乎不再是中国科技行业的必修课，越来越多的海外人士来到中国，观察和学习中国的科技创新趋势。同时，分散在全球的中国精英涌回国内已成为大势所趋，吸引海外精英的不仅是北京、上海这样的一线城市，二、三线城市也成为新的目的地。

人才涌入，同时中国的技术和模式也在输出。来自中国的技术创新风潮正在引领着全球科技市场的变化，一些在中国孕育成熟的技术，正在随着中国经济的不断外溢，在世界更多的地方落地。在一项由“一带一路”沿线20国青年参与的评选中，高铁、移动支付、共享单车和网购被称作中国“新四大发明”。如果说高铁是中国人织就的联通中国各地、联通中国与世界的一张有形的网，那网购便是中国人缔造的联通中国各地、联通世界每个角落的一张无形的网。移动支付则是全球生产者、经营者和消费者，超越地缘限制在这张无形的网上轻松交易的金融血脉。共享单车就是解决“最后一公里”难题的健身“小伙伴”。

曾经以古代“四大发明”推动世界进步的中国，正以科技创新向世界展示自己的发展理念，越来越多的人注意到，中国创新型企业对于全球科技趋势的引领作用。

每一次技术创新浪潮都会对原有的社会形态和经济结构产生重大影响。今天，全球正处于第四次技术创新浪潮来袭之时，巨大的变革正在发生，错过前几次工业革命的中国，终于有机会站在时代的起跑线上。中国的科技能否逆袭，能否引领这次全球创新浪潮，关键在于能否从现在开始加大对基础科技的研发投入，为未来商业应用层面的领先打好基础。

基础科技的研发能从源头上提升科技创新能力。基础科技的创新和业务模式的创新是一个螺旋式的推进提升，如果企业在未来的三五年一味地执着于业务模式的创新，可能想象空间会越来越有限。现在比较热门的创新领域，包括智能硬件、机器人、人工智能、大数据、自动驾驶、VR（虚拟现实）、AR（增强现实）等，都不是简单的业务模式的创新，而是要把科技创新重新回归到一个核心的地位，把科技创新和业务模式创新实现很好的结合，这样才会有更多的商业机遇和机会。

无论是美国、英国、还是日本、以色列，世界上所有科技强国的基础研究都非常强。反过来看，也没有哪一个国家出现基础研究很好而技术创新很差的情况。对于一个国家的科技创新来说，基础研究相当于地基，如果没有厚实的地基，是盖不出高楼大厦的，即使勉强盖起来，也一定是海市蜃楼。

2018年，国家重点支持的非营利性的新型研究型大学——西湖大学获批成立，这是一家以基础研究为责任的大学。参与创办西湖大学的施一公推崇基础研究，他曾说“基础研究是科学之本，没有好的基础研究，一定不会有杰出的技术创新”。

中国企业的创业大多数重视业务模式的创新，未来应该重视基础科技，补上科技创新的短板，加大基础研发投入，避免陷入“缺芯少核”的困境。中国科技只有可持续地创新，在新一轮创新浪潮里才能崛起成为一个全球的创新中心。

从基础建设到消费方式，从商业理念到经济业态，“新四大发明”折射出“中国式”创新的澎湃动能。在国家层面上，中国正极力推动经济向创新驱动转型，包括以创新来带动传统经济结构的升级换代。不只是在北上广深这样的一线城市，在全国创新创业的版图上，很多省会级城市，甚至三线城市都有非常多的举措，创新中国一直在前行。

第二节　高速铁路

中央电视台曾经联合中国外文局，对全球22个主要经济体的一万多名民众发出电子问卷。调查结果显示，他们最认可的中国科技成就中排在第一位的是高铁。有36%的人选择了高铁。凯歌行进的中国犹如穿梭于大地的“复兴号”高铁，奔行不息地驶出现代化的加速度。

高铁对于科技进步与创新非常重要。因为无论是以高铁、航空、航运、超级高铁等交通工具带来的人与物的交流，还是5G通讯带来的超大信息量的交流，都指向同一个目标：交流成本更低、交流更便捷。正是科技进步促进了交流，而交流又反过来促进了科技进步，二者形成相互促进的良性循环。

高铁是中国科技创新的骄傲，一个个“刻度”印证了中国高铁的不断前行。

截至2017年年底，全国铁路营业里程达到12.7万千米，其中高铁

2.5 万千米，中国高铁的总里程占世界高铁总里程的 66.3%，是当之无愧的“世界冠军”。我国高铁网“四纵四横”主骨架已基本形成。

在长三角、珠三角、环渤海等城市群，高铁早已连片成网。在东部、中部、西部和东北四大板块，高铁也实现了互联互通。另有以郑州为中心的“米”字形高铁网建设全面发力，5 条高铁同时在建。

截至 2017 年年底，中国拥有动车组 2900 多组，累计运行 50 亿千米。

2013 年至 2017 年，中国铁路完成固定资产投资 3.9 万亿元，新增铁路营业里程 2.94 万千米，其中高铁 1.57 万千米，是历史上铁路投资最集中、强度最大的时期。

2017 年 6 月，具有完全知识产权、达到世界先进水平的中国标准动车组“复兴号”在高铁京沪线两端双向首发。

高铁对于中国经济发展意义重大，它改变了中国的经济地理，凸显了中国的市场优势。经济学家克鲁格曼曾在诺贝尔经济学奖致辞中强调，运输成本的降低让集中生产和规模报酬递增成为可能，生产者选择离市场最近的地方生产，然后向其他地方出口。高铁不仅降低了运输成本，同时还贴近客户和终端，真正形成了全国大一统的商品、人员和资金流动，使中国的市场优势更加明显。

人类对于速度的追求从未停止，更不会满足于现状。在太平洋彼岸，美国的企业家伊隆·马斯克更是创新的典范。在 2012 年他就提出了胶囊超级高铁概念：人们坐在一个“胶囊”里，然后像发射子弹一样被发射到目的地，预计时速将达到 1220 千米。胶囊超级高铁被马斯克称为人类的“第五种交通方式”，被人们投以敬佩的眼光。

而在北京的中关村，有个叫刘子忠的创新型企业家，在十几年前就对超音速高铁进行了研发试验，在一片质疑声中潜心研究了十几年。他创立的北京九州动脉隧道技术有限公司，自筹资金、自建科研团队，联合国内顶尖机构及企业共同研发了超高速真空管道运输系统——真空飞行巴士，以发展超高速运输技术，实现地面交通超音速运行。他们利用真空管道运输（Evacuated Tube Transport），在地面或地下建一个密闭的管道，用真空泵抽成真空或部分真空。在这样的环境中开行车辆，行车阻力就会大大减小，可有效降低能耗，同时气动噪声也可大大降低，符合环保要求，理论上可以达到2000千米/小时。

创新也受地域和文化的影响，越是革新的越受人质疑。中国的高铁就是在质疑中崛起的。我们必须记住那些为高铁作出突出贡献的人。

在大数据和人工智能时代，知识迭代和传播的速度更快，技术的相对重要性下降，市场的相对重要性上升。如果说以硅谷为代表的美国的优势是取得技术上从0到1的突破，那中国基于人口和高铁的大市场的优势，则是实现从1到N的爆炸性增长。

回顾世界各国的高铁发展，一般认为“始于日本，发展于欧洲，格局大变于中国”。那么，中国高铁是如何在短时间内获得突破性进展的呢？

从1998年以来，中国高铁的技术先后师承瑞典、加拿大、德国、法国和日本，尤其是在整车出口方面，中国当年学习了法国庞巴迪、德国西门子等公司的技术。各国也许低估了中国工业基础和工程技术人员的研发能力，最终使得中国高铁技术成为了世界高铁技术集大成者。中国高铁的成功，离不开“神州高铁”的努力。它作为国内最早进入轨道交通运营维护领域的企业之一，是中国首家涵盖轨道交通运营维护全专业领域的主板上市公司，市值超过200亿元，是拥有400多项自主知识产权产品和200多项专利的创新型企业，董事长王志全高瞻远瞩，率领神州高铁组建了车辆、线路、信号、供电、站场、大数据和工业服务七大集团，布局了中国首家轨道交通运营维护平台，确立了“智能设备、产业大数据和工业服务”三大核心业务，和中国高铁共同成长。

神州高铁对创新研发非常重视，开发了一系列拥有自主知识产权的技术，制造出了真正属于自己的产品，此外神州高铁还有很多自动化设备和高科技检修装备，都是通过搭建自己的技术平台，在借鉴国外先进技术后进行的二次创新研发。

中国高铁的发展，胜在四个方面：丰富的技术人才储备（设计、施工和设备制造）；卓越的设计研发创新能力（引进—吸收—再创造）；各种复杂地形和地质条件的铁路建设经验；强大的议价能力和良好的项目成本、进度管理，以全国的中期铁路建设计划带来的庞大订单来分摊多个项目工程的成本。

具有完全知识产权的中国高铁复兴号，从它的银漆和红色涂装到室内的座椅、Wi－Fi、内饰、卫生间、插座，无处不在显示着它的现代化。复兴号带来的不仅仅是技术上的冲击，也是中国铁路走向新复兴的一个起点。

按照规划，2018 年中国铁路固定资产投资安排 7320 亿元；其中国家铁路 7020 亿元，投产新线 4000 千米，其中高铁 3500 千米。

到 2020 年，中国铁路网规模将达到 15 万千米，其中高铁 8 万千米，届时中国将建成以“八纵八横”主通道为骨架，区域连接线衔接、城际铁路为补充的现代高速铁路网，高铁将成为人们出行不可或缺的首选交通工具。中国在高铁上的创新不止于此，目前中国有关机构正在研究的超高音速高铁，可以利用低真空环境和超音速外形等方式减小空气阻力，通过磁悬浮减小摩擦阻力，实现超音速运行。其最大速度可达到 4000 千米/小时，如果乘坐这样的交通工具，北京到天津只需要 3 分钟，北京到上海只需不到 20 分钟。

高铁发展的十几年来，中国科技创新成果丰硕，渐渐从中国制造转向了中国创造，从制造大国转向了制造强国，从中国速度转向了中国质量。美国《华尔街日报》评论说，中国曾经以廉价劳动力闻名于世，现在它有了其他东西来贡献给世界——创新。中国“智造”的结晶犹如一张张名片，让中国重新找到了在全球发展中的坐标，也让世界重新定位了经济版图中的崭新中国。

第三节　移动支付

作为世界上首个发明并使用纸币的国家，中国正引领全球支付体系迈入新时代。曾经的“出行在外，腰包必带”变成了“手机在手，天下我有”。对于中国来说，移动支付已经毫无悬念地领先世界，无论是最发达的美国、日本还是欧洲，都没办法像中国这样，依靠手机和二维码完成近乎零现金的日常生活，移动支付已经极大地降低了交易成本并提高了经济运行效率。

说到移动支付，微软创始人比尔·盖茨表示，“在将来的某一天，一切手机都能实现移动支付”，他认为将来的一切渠道，无论是苹果、谷歌甚至微软，都会集成这种支付功能。此外，比尔·盖茨还期望在全球较贫穷的国家推行移动支付，使这一技术更便利、成本更低，从而帮助人们管理小额资金。移动支付对 PC 端互联网支付业务产生了明显的替代效应，其意义不亚于当初移动互联网浪潮来袭给整个产业带来的巨大利好，移动支付时代的到来也将加速变革整个行业形态。

可如果你在 30 年前告诉当时的中国人和中国企业，说中国将用 30 年的时间，在移动支付上领先世界，一定会被认为是不切实际的妄想。30 年前的中国，还没有废除粮票，连人民币都不能算功能完整的真正货币，更别说整个金融体系在软硬件上与发达国家的差距。神奇的是，中国如何用 30 年做到这一切呢？

这个伟大成就是众多企业共同创新的结果。招商银行、支付宝和微信支付作为三个创新代表，是这一历史进程中的深度参与者。它们在竞争中并不是谁打败了谁的简单逻辑，而是在持续拓展自己擅长领域的同时，靠创新的产品把整个行业推向了更高的层次。在移动支付领先世界这个成就背后，商业银行体系没有输，中国银行业的服务能力同样排在世界前列。电商体系同样没有输，支付宝背后，是蚂蚁金服这个科技金融独角兽的崛起。微信支付当然也没有输，依托社交关系链的金融功能探索也才刚刚开始。

在 20 世纪 90 年代，中国银行业确实完成了从无到有的蜕变。关于支付最重要的两个标志性产品，就是招商银行首创的“一卡通”和“一网通”。“一卡通”始于 1995 年，“一网通”始于 1999 年。当时招商银行在 1995 年之后，全力推动用磁条银行卡代替存折，这并不是十拿九稳的战略选择。当客户把钱从纸质存折转移到磁条银行卡，接下来的科技创新自然是在互联网上完成支付。在央行和银行业的共同努力下，磁条银行卡和网上银行成为中国银行业的标配，可以说中国的金融支付领域从这个阶段起，就已经开始接近世界先进水平。

马云在2003年创办淘宝的时候，美国的电商平台eBay（易贝）已经有非常成熟的模式可以借鉴。淘宝初期学习了eBay和PayPal（贝宝）的现成经验，但很快青出于蓝，淘宝和支付宝在中国创造出比eBay和PayPal更大的互联网奇迹。支付宝最初是淘宝这个电子商务平台的收银台，负责为买卖双方提供交易担保，随后在2004年成为一家独立的公司。2010年，支付宝推出了快捷支付功能，银行卡只要绑定了支付宝的快捷支付，用户就能脱离网银，在支付宝上直接完成支付，这是客户体验的巨大提升，支付成功率和客户活跃度大大提升。具备快捷支付功能的支付宝完全超越了最初学习的美国原型，成为地位不可动摇的互联网金融账户。

快捷支付实际上为整个第三方支付行业奠定了新标准，包括微信支付、京东钱包、百度钱包等都按照这个标准与银行建立了快捷方便的资金流转通道。如果没有支付宝开创的快捷支付，也就不会有之后余额宝、二维码支付等让银行业感到震惊的互联网金融产品。余额宝等理财方向的应用，实际上已经是支付宝综合优势的结果，难以复制的关键因素在于依靠淘宝建立起来的商户和用户生态难以被超越和模仿。

在支付宝成为线上支付领导者的时期，腾讯也具备第三方支付牌照“财付通”。但存在感始终不强，知名度和市场占有率都无法与支付宝相比。

从2014年春节开始，微信支付从红包开始，把移动支付推向前所未有的普及度。对于大量不愿意尝试移动支付的用户群来说，用微信抢红包的过程，也是绑定银行卡和学习收付款的过程。在此之前，几乎不可能有企业能完成如此大规模的客户教育工作。

支付宝作为与微信并列的国民级App，在商户推广上仍然占据优势。支付宝依靠比微信支付早进入市场的优势，通过一系列手段要求合作商家达成排他协议，即在通道中剔除了微信支付。但是在卖菜大妈等街头末端的支付场景中，由社交关系链支撑的微信支付占了优势。在这个时期，中国移动支付已经全面领先世界。

中国在移动支付领域取得了惊人的成就。30 年前，在中国想花人民币还需要配上粮票，但只花了 30 年时间，就可以在大城市体验近乎零现金的生活方式，移动支付更是让众多新产业成为可能。

“新四大发明”之一的移动支付甚至开始影响信用卡巨头的运作模式。2018 年，境外几大信用卡发卡组织——美国运通卡、发现卡、万事达卡和维萨卡（Visa）等，将停止要求客户签名以完成交易，信用卡签名交易或快速销声匿迹，沃尔玛等商户已决定放弃信用卡支付签名要求。部分境外发卡组织于 2018 年 4 月起，允许持有 EMV（Europay + Master Card + Visa）芯片信用卡的持卡人在一定额度内免签。业内人士指出，这一改变是受到了中国移动支付快速发展的启示。

目前在中国约有 200 余家第三方支付平台，但是支付宝和微信支付几乎垄断了第三方移动支付市场，在这样的市场环境中，其他第三方支付机构如何生存发展将更加考验决策者的智慧。

第四节 共享经济

基于“互联网 +”、大数据、云计算、人工智能的新经济快速崛起，发展速度已超出预期。可以说，新经济正在改变传统的商业模式与业态，成为新时期中国经济的重要推动力。

在“共享经济”概念起飞的 2015 年 8 月，摩拜单车发布。2015 年 10 月，摩拜获得 A 轮融资 300 万美元，一场中国共享单车大幕正式拉开。这些共享单车公司在校园、地铁站点、公交站点、居民区、商业区、公共服务区等提供自行车共享服务，其实质是一种新型的交通工具租赁业务——自行车租赁业务，以最大化地利用公共道路通过率。

截至2017年年底，共享单车用户规模达2.2亿人，相比于2016年0.2亿人，呈11倍的爆发式增长。与2015年的250万人相比增长了87倍。截至2017年，国内共有77家共享单车企业，累计投入了2300万辆共享单车。但从下半年开始，共享单车进入了大洗牌阶段。

2017年全年，摩拜和ofo小黄车两大巨头占据了中国共享单车行业90%以上的市场份额，牢牢锁定前两名的位置。继摩拜和ofo小黄车两大巨头之后，不计其数的企业投入共享单车的行业风口，试图坐上第三把交椅，但在市场残酷的竞争环境之下，又纷纷以失败告终。

成立不到两年的哈罗单车则通过采取从二三线城市入手的差异化运营方式，悄然爬上了第三把交椅，并且，哈罗单车的景区业务布局已经成为一大独特的亮点。作为国内首个旅游共享单车，哈罗单车面向景区专门推出了双人车、多人车、儿童车等多样的租赁车型，现在已经入驻了浦江郊野公园、崆峒山、神农架和慕田峪长城等全国160多个景区，将共享单车的竞争推到了一个新维度。但随着市场格局趋于稳定，2018年共享单车用户增长将大幅放缓，服务开始着力于用户体验的提升。

对于创新来说，一个核心的价值观是“人类的繁荣就在于不断增加商品和服务的品类”，从这个角度可以说，共享单车创造了一个全新的市场。

在共享单车出现之前，各地市政府也在试图解决最后一公里出行的问题。各大城市疯狂地修桥建路，发展公共交通，但要解决最后一公里出行的问题，人们很自然地想到了自行车。

政府解决最后一公里出行问题的办法是用公共事业的方式，这显示出创新能力的不足。有的城市建了很多的自行车停车桩，并部署了自行车。政府提供的共享自行车必须从指定地点提取，再存放到指定地点，也就是用车桩这个设备来管理单车，这样非常不方便。

摩拜、ofo小黄车这些共享单车模式，它们之所以开辟了一个新的市场，跟滴滴一样，其实是利用了一个最基本的设备——手机，手机是可以移动的、手机是可以定位的。共享单车没有用到手机的定位功能，但用到了手机随身携带、可以绑定人的这个特征，我们把滴滴或者共享单车这样的事物叫作创新，称为应用拟合型创新。

一般来说，业界将共享单车称为商业模式创新，其实准确地说，它是完成了一个应用拟合。这种创新的特点，是当一个技术铺展开来以后，所有人都尝试把这个技术应用于各个行业、各个方面。如果一个技术成熟以后，你找到最佳的应用场所，那这个创新就非常成功。

2018 年，共享单车进入三国时代，谁将一统天下？能肯定的是，各共享单车平台必然向运营升级转变、这主要表现在两个方面：一是精细化运营，车辆的管理、维修、高效调度、智能化等方面，并且同时承担起社会责任。二是业务边界的扩张，比如滴滴接入共享单车就是从大出行的角度完善生态，单车只是其中的一种方式。摩拜也已经开始接入网约车，开始涉足共享汽车，共享单车竞争维度将上升到大出行的范畴。

共享单车未来的发展趋势，主要表现为：其一，市场发展由爆发到稳定，行业洗牌后迎来新格局。其二，共享单车为实体经济注入互联网基因，推动创新模式和生产方式的全面变革。预计到 2020 年，共享单车企业将创造经济产值 714 亿元。其三，共享单车已成为第三大公共交通出行工具，单车的海外拓展提升了中国品牌的认知度，让中国“智造”惠及世界。其四，单车企业依托管理平台，助力政府实现精细化、智能化管理。其五，共享单车快速扩展会带来监管挑战，需构建“共建共治共享”格局。其六，单车市场稳定发展，将带动自行车制造向“智造”转变。

第五节　基建狂魔

近几年，中国多了一个年轻人比较喜欢的外号，叫“基建狂魔”。所谓“基建狂魔”指的就是在基础建设方面独领风骚的霸主，这并未言过其实，中国这几年的发展，的确担得起这个名号，这也是由创新而带来的中国速度与中国力量。

中国长期以来都是一个基础设施缺乏的国家，经济发展过程中，对基础设施需求很大。无论铺路架桥，发展高铁建设高楼，还是建设码头港口，似乎都取得了不错的效益。“基建狂魔”这个外号就是近年间才兴起的，源于近年来中国一系列大规模基建建设和超级工程。另外，中国各地地形、环境、气温都不相同，所以工程团队也练就了一身过硬的基建本领。再加上中国近年来的城市化进程稳步向前，由此必然带来一系列的建设需求，从而拉动国民经济的迅速增长以及大规模的基础设施建设。由于中国的城市化水平并不高，和发达国家的70%～80%的城市化率相比还有较大差距，因此可以推测中国的城市化进程还会长时间持续，“基建狂魔”在一段时期内，还要引发各种浪潮。在这一城市化进程中，中关村也出现了像“广联达”这种“智慧建筑的数字管家”企业，致力于为客户提供建设工程全生命周期的信息化解决方案，成为中国建设工程领域信息化产业的首家软件上市公司。

这十多年间，中国基建到底做了些什么，被冠以“基建狂魔”四个字？

首先要明确的是什么叫基础设施。它是指为直接生产部门和人民生活提供共同条件和公共服务的设施，主要包括公共居住建筑、交通运输、能源动力、水利、电信、环保等子项目。

先来看中国的桥。在维基百科列出的《世界最高大桥排行榜》里，中国桥的数量可以用夸张来形容，前五个大桥全是中国的，前十个大桥里只有两个不是中国建造的，如果完整地数完100座桥的列表，就会发现中国桥占了72个名额。

再来看铁路、公路建设。短短三十年，中国让自己的公路里程翻了5倍，并建成了世界最大的高速公路和高铁网络，各种道路种类繁多。2006年全线通车的青藏铁路，一口气创下了9项世界之最，入选“全球百年工程”。根据中国公路网的记载，中国在2000年的时候高速公路仅有1万千米，但在这十五六年间，中国新修的高速公路相当于把美国全境的高速公路又修了一遍，顺道还捎上了德国全境的高速公路。这还没有考虑城市轨道，中国的城市轨道建设也是如火如荼，工程量绝对世界第一。不但规模巨大，中国基建还具有非凡的“中国速度”。据报道，在中国福建省，1500 名工人在 9 个小时内建成了一个火车站。这个大型建筑项目使用了 7 台大型路用列车和 23 台挖掘机。施工过程严密有序、准确高效，如同军队一般。

中国“基建狂魔”的底色使十几年来发电量增长了四倍多，在 2011 年前后超越美国，成为世界上第一大电力生产国。如果你好奇这些电力从哪里来，那就需要关注煤炭产量了。2000 年中国的煤炭产量刚刚超过 10 亿吨，2014 年时已经超过了 35 亿吨。中国铝产量更是占到全世界的一半还多，其中很大一部分投入了房地产开发中。2017 年全球粗钢总产量达 16. 9 亿吨，其中，中国的粗钢产量为 8. 3 亿吨，基本占到世界的一半。

在这场基建大潮中，北京和上海两个国际化大都市均有令人瞩目的作品。632 米高的上海中心大厦，是中国人第一次把建筑造到 600 米以上，它也是世界上最高的绿色超级摩天大楼，是工程师们关于垂直城市的大胆想象。这是第一次在超高层建筑中使用双层玻璃幕墙，打造出东方“空中花园”，创造更为环保、舒适的未来空间。北京计划用十年时间完成包括 31 条线路、560 座车站、1000 千米在内的世界上最大的地铁交通网络，一个立体的轨道交通网络将辐射于这座城市的地上和地下。

同时，中国还开建了数十个核反应堆。等这批核反应堆开始商业运行，中国就变成了世界第三大甚至第二大核电国。

中国建筑的工程能力在国际市场拥有很强的竞争力，中国之所以被称作“基建狂魔”，并不仅仅是因为工程技术创新的发展，更关键的是，中国拥有数以万计的具有无畏精神的年轻工程师和工人。

中国在基建方面取得的成就令世界瞩目，国家面貌也日新月异，我国“维护国家领土主权和海洋权益”的决心也越来越强。中国在南海的岛屿建设也取得了不凡的成绩，美济岛、渚碧岛、永暑岛等岛屿的建成，捍卫着祖国的南方，对于稳定南海的局势也起到了重要的作用。

第六节　基因技术革命

基因技术革命是对人类社会产生深远影响的一场革命。它在基因制药、基因诊断、基因治疗等技术方面所取得的革命性成果，将极大地改变人类生活的面貌。中国也积极投放科研资金，大力推动基因产业达到国际先进水平。其中，基因测序产业尤为引人注目。

基因测序，又称DNA测序，是指分析特定DNA片段的碱基序列的技术。基因测序能锁定个人病变基因，达到提前预防和治疗的目的。只需一滴血或一点唾液，就能查清多种疾病，如癌症、白血病等。基因测序广为人知的还有针对唐氏综合征筛查的无创产前基因检测，只需要孕妇5毫升血，通过化验血液，就可以算出胎儿出现唐氏综合征的概率。

过去10年，DNA测序规模化与正确性的飞速发展，让人类对基因的理解有了极大进步，市场普遍预期，生物科技将是继互联网之后出现大变革的行业。基因测序等技术不断商业化并投入临床应用，正在吸引越来越多的资金。近几年来，中国基因测序市场发展迅速，基因测序类公司也实现了100%以上的复合增长。从市场需求的角度来看，基因测序的发展市场十分广阔，从疾病发病率趋势看，近十年来我国癌症发病率和死亡率不断上升，从实现时间和疗法本身潜力的角度看，癌症的测序应用将会是其中最大的市场。

基因测序产业包括上游的基因测序仪及试剂耗材制造商，中游的基因测序服务商，下游的基因测序应用端。其中基因测序产业链的上游，是整个产业链壁垒最高的部分，被国外巨头牢牢把控，预计短期内国外寡头垄断格局难以改变。产业中游测序服务的核心在于临床样本的获取以及数据处理解读能力，在国内目前有限的测序试点单位背景下，对于临床样本资源的抢占极为关键。下游的基因测序应用端，集中在比较成熟的生育健康和肿瘤伴随诊断等临床意义确切的领域，未来随着对于疾病机理的深入理解，测序在肿瘤等领域的应用空间非常广阔。

基因测序产业的发展，同样伴随着不断的技术创新。第一代测序技术诞生于20世纪70年代，特点是通过电泳来分离不同长度的DNA片段实现测序。其精确度高，技术成熟，但通量低，且成本高，难以用于覆盖基因组大面积、商业化的测序应用。第二代测序技术从2005年发展起来，特点是海量的测序反应同时进行，拥有远大于一代测序的速度和通量，同时成本却低得多。第三代测序技术的最大特点是单分子测序，具有高通量和低成本的特点。第三代测序技术相比于第二代测序技术优势明显，但是目前由于准确性低、测序信号易丢失等因素，尚处于科研阶段。

总体来说，当前第三代测序技术的成熟和大规模应用仍需时日。未来很长时间内，第二代测序技术仍将是测序市场的中流砥柱。

据不完全统计，有30多家公司在基因数据库与分析方面布局，近40家公司在研发基因数据与各种疾病的关联度，70多家公司锁定在肿瘤相关领域。基因测序市场目前的应用主要集中在癌症诊断、产前DNA检测和遗传疾病检测等项目。

2000年，人类科学史上的一大突破——人类基因组草图绘制完成。这一年华生基因成立。在中国的基因测序公司中，华生基因在肿瘤精准医疗互联网服务领域的创新可谓是开拓者，它凭借雄厚的技术实力，运用移动互联网、云计算技术，实现了肿瘤精准医疗临床大数据的采集与应用，先后研发出多款DNA测序分析软件，这些软件在全球4000多家基因检测实验室及研究机构应用。其中，GeneMarker HID获得了美国FBI（联邦调查局）官方认证。

华生基因凭借近20年的DNA测序软件研发的核心技术，搭建了“肿瘤基因大数据移动互联网实时采集与应用服务平台”——“金琉璃”。国内几十家顶尖基因分子检测实验室均入驻这一创新型平台。平台内嵌肿瘤精准医疗基因知识库、临床数据采集分享系统，以及大量实时采集临床案例，提供癌症基因、用药方案、临床案例查询、基因检测方案推荐等功能。肿瘤患者可以及时获取专业、有价值的诊疗信息和服务，华生基因助力了中国精准医疗事业的发展。

目前我国基因测序服务产品以科技服务为主，很多医院、制药公司和生物科研机构都需要高效快捷、价格低廉的基因测序服务。不仅如此，针对他们的研究目的和需求，基因测序还可以提供有针对性的全套解决方案。未来，我国基因测序的产业化发展重点在两个领域——农业和医疗。一个与人的饮食有关，一个与人的健康有关。据有关机构预测，未来我国基因检测复合增速在35%左右，2020年总市值有望突破300亿元，更长远的潜在市场市值肯定过千亿元。

第七节　新能源汽车

2017年，新能源汽车堪称中国市场一大亮点，行业增长继续保持良好态势。新能源汽车全年销量达77.7万辆，同比增长53.3%，其中纯电动汽车与插电式混合动力汽车销量分别同比增长82.1%和39.4%，比亚迪、北汽、东风等知名车企也有不俗成绩。在国际上，作为全球电动车的引领者和风向标的特斯拉的市场表现，代表着新能源汽车的发展趋势，2017年，其汽车业务营收达106.4亿美元，较2016年增长56%。

在能源制约与环境污染的大环境下，世界各国已陆续制定禁售燃油车的时间表，与燃油发动机相关的一系列技术将成古董。作为战略性新兴产业之一的新能源汽车，自问世以来就被寄予厚望。2009年起，中国正式启动新能源汽车发展战略的全面布局，各种扶持政策密集出台，政府补贴、不限牌不限行、免征购置税等多重政策红利相继来临，最令人瞩目的便是巨额的财政补贴，其范围覆盖了新能源汽车产业链上中下游的方方面面。

在政策和资金的催化下，新能源汽车市场迎来春天，新能源汽车与无人驾驶一起成为资本大咖们表演的舞台。很多车企更加注重新能源汽车的研发、生产和投放，连不少上市公司也相继跨界造车，意欲从中分一杯羹。

国际车企巨头们更是豪掷中国市场。如2018年4月，大众汽车集团就发布了一系列面向中国市场的计划，到2022年，大众汽车集团将联合合资企业伙伴，在电动汽车、自动驾驶、数字化和全新移动出行服务领域直接投资约150亿欧元。到2021年，大众汽车至少将在中国的6家工厂启动电动汽车的本土化生产，与此同时，在电动化战略指引下，未来的7~8年，大众将在中国市场推出40款新能源汽车。

中国近些年倡导的“绿色出行”“节能减排”等新理念，也让人们的购车思维在潜移默化地发生着转变，种种因素叠加，使新能源汽车市场全线飘红。

新能源汽车不同于一般产业，它有着与生俱来的战略性使命。中国的新能源汽车，还有不少技术创新问题没有得到完美解决，例如：核心技术并未实现明显突破。在新能源汽车的诸多技术中，最核心的便是动力电池技术，业内有句话叫“谁掌握了电池技术，谁就是新能源汽车的大佬”，可是中国在此方面依旧与美国、日本等国家有差距，电池使用寿命过短、续航时间不足等问题频频凸显，这不仅大大降低了用户的满意度与认可度，还抬高了电动汽车的保养成本，更加快了其贬值速度。

相关配套基础设施仍有待完善。如稀缺的充电桩供给数量无法满足日益壮大的用户需求，新能源车充电时间过长等问题，都没有得到完美解决。

当然好消息也一直在出现。关于充电问题，从长远来看，有太阳能光伏路面支持（这里的光伏路面主要指通过太阳能发电，使行驶在上面的电动汽车实现“边跑边充”功能的道路）完美解决了充电耗时长的问题。全球首条承载光伏路面研发与铺设的高速公路——济南南绕城高速，已经在2017年12月正式通车，虽然其铺设长度只有1080米，但仍不失为一个来自不远未来的期许。对于新能源车的电池问题，2017年年底最新发布的蔚来汽车ES8，就起了一个不错的示范作用，蔚来汽车的换电系统NIO Power可在3分钟内完成整个换电工作，且消费者购买时可以选择电池租赁方案，即换即用。可以预见，短期内充电问题有可能被较好地解决。

大力发展新能源汽车的总方针绝对是明智之举，不过在未来仍需要诸多汽车企业创新自身技术与发展基础设施。基础设施上加大财政投入不是难事，但汽车企业自身的技术创新却并不轻松。也只有不断地技术创新，才能让有实力的新能源车在市场上取得最终胜利。

第八节　快递服务

网购是中国“新四大发明”之一，改变了中国人的消费方式。与网购同时发展的，还有中国的快递业务。网购的蓬勃发展，中国的快递业务也呈现出井喷之势，快递业务量已连续数年稳居世界第一，对全球快递业增长的贡献率达到40%。从2017年起，中国常态化进入单日快递亿件时代。

当前中国的网购人数占全国人口近4成。这些“剁手党”们成功让中国的快递业务量连续5年保持平均50%以上的增速，且市场规模自2014年开始稳居世界第一，中国各类快递公司已超过8000家。快递市场上也产生了顺丰、申通、圆通、中通、韵达等极具活力的民营速递企业。

例如快递业的龙头企业顺丰，一直靠较好的服务，在物流领域享有不俗的口碑。按照规划，顺丰机场将于2020年在湖北鄂州市建成，之后投入使用，并有望在2021年货物的吞吐量超过100万吨，成为全球第四个、亚洲第一个专业货运机场。

2018年3月，顺丰还荣获了中国民用航空华东地区管理局颁发的国内首张无人机航空运营（试点）许可证，中国无人机物流配送正式进入合法运营阶段，堪称中国物流无人机发展的里程碑。根据许可证的规定，顺丰物流无人机可在民航局批准的试点区域内使用无人机开展物流配送，率先进行商业化运营。

显然，在人工智能、大数据、无人机等各项前沿技术加持的情况下，过去处于渠道链中“低调”位置的物流，正逐渐由幕后走上台前，成为对整个产业产生决定性作用的一环。

快递业的创新远不止于此。在庞大的电商交易规模中，网购是中国快递行业的主要驱动力，过去几年来，网络购物的繁荣带动了快递业务的激增，同时快递业务的增长也受制于网购的增长。为了寻求突破，顺丰、中通、申通、百世汇通等快递公司都开始尝试零售业务。目前，快递公司进军便利店、超市和电商领域尚在试水期，还没有较为成功的案例，整个行业也在不断地探索和磨合。应该说，快递公司做的零售仅仅是一种尝试。有些专家认为，快递公司做零售具有必要性，因为快递公司需要控制末端资源（物流客户），为将来的发展占领机会。

中国的快递行业也得到了前所未有的发展。但随着行业竞争压力越来越大、投递成本越来越高，快递公司不得不开始选择第三方代收点来解决成本及配送效率的问题，小区超市、单位门岗都成了快递业末端的第三方代收平台。快递的“最后100米”变成了商业模式探索的新切入点。从各种小区自提柜，再到新零售模式的“便利店+自提柜”，业内的创新尝试从未间断。

在国际上，国际货运巨头联邦快递作为区块链运输联盟（BiTA）的主要成员，已经逐步开展与区块链相关的试点项目。希望能够使用它简化其业务流程，同时也积极地承担起了为区块链在该行业的应用开发标准的任务。

未来新零售正在到来，消费场景将变得“无处不在”“无时不有”，消费者希望获得“所想即所得”的高端体验，这最终需要通过物流来推动实现。因此，在新零售的背景下，未来物流的发展也许将达到“无界物流”这一终极状态。

第九节　新能源，打造绿色中国

2018年4月，国家主席习近平主持召开中央财经委员会第一次会议，布局了中国经济三大“攻坚战”，分别为防范化解金融风险攻坚战、精准脱贫攻坚战、环境问题攻坚战，其中的环境问题攻坚战就是如何建设绿色中国，重要举措就是优化能源结构，积极发展绿色能源，调减煤炭及火电的利用强度和总量。

国家主席习近平指出，坚持绿色发展是发展观的一场深刻革命。预计到2020年，中国在新能源领域的总投资将超过3万亿元，《新能源产业振兴和发展规划》被业界奉为“国家新能源发展战略”，其中包括风能、太阳能等可再生能源的开发利用，也包括煤化工等传统能源体系的变革，规划期限是2009年至2020年。

我国的“互联网+”行动计划也将助力中国可再生能源的发展。“互联网+”是利用信息通信技术以及互联网平台，让互联网与各行各业进行深度融合，从而优化资源配置，创造新的发展生态。其中，“互联网+智慧城市”“能源互联网+”和“互联网+工业”等新型发展模式都将通过信息通信技术，为实现绿色中国注入新动力。智能、高效的信息与通信技术能加快向低碳经济的全面转型，也将帮助全球到2030年减排15%~20%以上的温室气体，为全球带来超过11万亿美元的经济收益。2020年蓬勃发展的信息通信技术将为中国减排0.6亿~1.4亿吨二氧化碳。

我国目前最大的专业从事化石能源、矿产资源及可再生资源高效利用、新技术研发及产业化实施的领军企业——神雾集团，在节能环保与低碳应用技术解决方面成就巨大，已拥有九家控股子公司，其中包括两家A股上市公司。企业在环保经济的杰出表现，同董事长吴道洪主管研发和创新工作不无关系。

经济腾飞后，中国面临能效革命，提高能效迫在眉睫。为了更快更好地发展创新的信息与通信技术，实现能源和经济的双转型，需要加强政府、私营企业、国际组织、社会团队和学术界的合作。

例如，区块链结合光伏发电能催生全新商业模式，区块链技术能为绿色能源提供新思路，助力智能电网建设。在德国，西门子公司就与美国一家公司达成合作协议，共同开发基于区块链技术的能源交易网络。城市居民将屋顶光伏发电板连接成微电网，居民可以在微电网内购买和出售电力，通过区块链技术，电力交易数据可以实现共享，还可以有效防止数据篡改。没有安装光伏面板的居民，也可以通过微电网购买电力。因为区块链具有记录交易数据的功能，可以使小规模电力生产商（居民屋顶光伏发电）和消费者，根据产电量和用电需要的涨落，随时调整电力销售和购买行为。

法国能源巨头道达尔也是采用区块链技术推动绿色电力转变的公司，它与一家法国咨询公司合作，研究“本地能源闭环”的概念并准备付诸行动。

另外一项雄心勃勃的创新研究是可再生能源的储存。太阳能和风能虽然能有效地提供电力，但需要特定的环境才能产生能量，因此，储存在高峰时段产生的能量是必要的。成立于2010年的Google X就在研究如何更好地储存风能与太阳能。

Google X长期保持高度神秘，这家公司的实验室有很多科学家、工程师和思想家。过去，他们已经悄无声息地研究了太空电梯和冷聚变。Google X的研究者认为，研究团队已经找到了一种使用熔融盐的方法来储存风能或太阳能。在这个系统中，风力发电厂的电力将被转换成极热和极冷的热能。热能会被储存在熔融盐中，而冷能则会存储在寒冷的液体中。之后，热力发动机将把热能和冷能按照需求重新组合，将其转换成电能，然后送回电网。Google X研究团队认为，以盐为基础的热存储，比世界上任何其他电网级存储技术都要便宜得多。

价格因素仅仅是绿色能源发展面临的众多挑战之一，人类希望在十年后过上更绿色、高效、舒适的生活。今天，中国正在经历的能源转型，是这愿景背后的主要动力。当越来越多高效的燃机、智能的风机、数据化的管网系统出现在生活中时，绿色中国梦也就不远了。

在推动绿色中国的征程上，除创新节能产业外，其他行业也在不断积极地创新升级。如以前中国养猪业面临的三大难题，一是“质量安全”，二是“效益提高”，三是“环境治理”。这三大问题直接带来的药物残留、能源缺乏、饲料短缺、疫病频繁、环境污染等已成为限制行业发展的瓶颈。但有远见的企业通过“生态养猪”技术系统，不仅增加了养猪户的效益收入，还取得了零污染、零排放的显著成果，为绿色中国梦增砖添瓦。

这种“生态养猪”系统利用微生物发酵技术，完善、改进了猪舍建造和饲养管理模式，集养猪学、营养学、环境卫生学、生物学、土壤肥料学于一体，以养猪业为主体进行开发，利用发酵微生物对猪的排泄物进行科学处理，实行农牧结合，做到科学利用、互相促进，是个低投入、高产出、无污染的良性循环的养猪系统工程。

打造绿色中国，更多的企业必须行动起来。

第十节　新工业革命

无边界的新工业革命正在到来。无边界不仅是指地理上的贯通，不论在中国、美国、德国，还是全球各地，工业 4.0 的概念与实践都在开花结果。同时，与工业 4.0 相交织、碰撞的不只是工业制造，产品数字化和生产数字化影响着社会生活的诸多领域，由此掀起的新一轮工业革命对中国的经济和社会，乃至人们的日常工作和生活，都即将甚至已经产生了巨大且深远的影响。

工业 4.0 是一次新的工业革命，它是整个产品周期内普遍价值链环节的组织与调控的新阶段。工业 4.0 的关注点在于，以消费者愿望为基石提高产品灵活性，这要求企业及时掌握所需信息，以便优化价值流的调控；其根本前提是拥有联络以及沟通能力的系统，这就要求生产、组件与生产员工相互联系，构成网络。

因此形成了所谓的 IT 系统“横向集成”与“纵向集成”。横向集成是不同生产过程与生产计划间的整合。在这其中，材料、能源与信息流，公司内部与公司外部可以有机协同。而纵向集成则是在整个 IT 系统中不同级别之间的整合，在提出工业 4.0 以后，德国企业，尤其是中小型企业将在激烈的国际竞争中面临无数的变革，新技术与组织形式的出现，将为企业在提高生产效率上提供巨大的可能性。

2015 年 3 月，国家总理李克强在全国两会上作《政府工作报告》时，首次提出“中国制造 2025”的宏大计划，吹响了中国新工业革命的号角。目前全球正在进行新一轮产业革命，人工智能、新能源技术、3D 打印等一系列的技术正影响全球制造业的格局。“中国制造 2025”的第一个基本方针就是“创新驱动”，实际上，中国提出的“互联网 +”就包括互联网信息技术与制造业的创新融合。可喜的是，在智能制造中居核心地位的工业互联网领域，出现了“东土科技”这样的蓝筹股企业，成为中国众多探索工业互联网企业中的领头羊。

2018 年的中美贸易战中，“芯片大战”让中国人明白一个道理——“打铁还需自身硬”，人们总是在危机真正来临时，才意识到自身的不足。芯片大战带来的教训显然不只是在芯片领域，还包括基础制造业、化工业、汽车业等，其中尤以制造业为最。制造业是其他行业的基础，其他产业链升级改造不成功，大多是由于基础制造设施太弱导致的，唯有基础制造业提升后，相关的行业生态才会逐渐改变和提升。中国创造的基石是中国制造，而中国制造最基础的是国内数量众多的 OEM（原始设备制造商）、ODM（原始设计商）企业，只有对这些最基础的企业进行改变，中国创造才有机会。

过去 20 年，政府出台了很多政策，对国产芯片的支持力度也很大，获得的产出和收益却相对有限。主要原因是以政策红利和资金输血为主的扶持方式使资源利用效率相对偏低，很多资金往往在各个环节被消耗掉，没有真正被用在刀刃上。而且这种做法很容易养成企业的惰性和依赖性，始终无法形成自我造血能力。甚至还有不少在政府“断奶”后，企业直接停摆的例子。未来的芯片产业发展必须杜绝这样的发展思维与发展状态。

“中国制造 2025”的战略目标提到，力争用十年时间，迈入制造强国行列。到 2035 年，中国制造业整体达到世界制造强国阵营中等水平；新中国成立一百年时，制造业大国地位更加巩固，综合实力进入世界制造强国前列。中国制造业面临着很多问题，但优势也不少，中国制造至少拥有三大优势，分别为超大规模市场的优势、产业链最完整的优势以及国家创新潜力巨大的优势。

例如在机器人制造方面，中国人工智能发展迅速、创新潜力大。高盛的人工智能报告指出，中国以 BAT 为首的科技企业正走在人工智能的最前沿。中国机器人产业规模保持每年 20% 的高速增长，工业机器人产量占全球产量的 1/3。在“大众创业、万众创新”中围绕人工智能技术打造各种机器人成为创新创业新方向，包括性爱机器人、家庭服务机器人以及工业机器人等都成为热门的产业，也最具市场规模。其中，打造陪伴型机器人和解放人类双手的机器人成为企业争夺焦点。

过去 30 年里，中国企业享受了全球化的红利，而现在要走出去，“一带一路”是企业完成阶段性产业转移的机遇，中国制造从代工转向自主，从低端转向高端，“一带一路”是必修课，中国制造业必须学好这一课。

值得警惕的是，在中美贸易战中，美国将征税目标瞄准中国高科技产品是别有用心的，有分析人士认为，美国征税的背后，隐藏着一个更广泛的目标，即破坏“中国制造 2025”战略。如果把目光拉得更远，可以看到，军备竞赛是冷战期间美国及其盟友同苏联斗争的关键要素，而美国总统特朗普提出单方面对中国进口商品征收关税，则预示着 21 世纪将是以技术为主导地位的争夺战，这场争夺将对世界秩序产生深远影响。

chapter eight

第八章
超级武器

导语：未来战争将是一场高科技、宽领域、强智能的战争模式。随着探测、高速信号处理和控制等技术的发展，未来武器的智能化程度将进一步提高，更高的透明度、更广泛的连接和更深度的机器智能，将成为在21世纪的战场上获得作战优势的关键。换言之，高科技才是未来战场取胜的关键。

第一节　大国博弈

2018年的中美经贸战，表面上看虽是经济问题，实则是政治层面的映射，与竞选周期、国内政治、国际战略、军事战略等密不可分。而遏制“中国制造2025”，是美国发动贸易战的直接目的。

2018年不只是金融危机后的第十年，更是全球不同宏观周期出现拐点、产生共鸣的一年，金融市场波动加剧、贸易战形态演进、地缘风险分布重构。从第二次世界大战之后的大国博弈来看，美国一直是被挑战者，而其主要竞争者却随着彼此间的力量对比，不断发生变化。

20世纪50年代至80年代，大国博弈的主体是美国与苏联。由于经济体量的较大差异，两国之间的博弈主要表现为军事力量的对抗，并带动其他各国形成对立阵营，在此情形下，冷战是最具代表性的博弈形态，而主权国家的安全则是主要的博弈内容。

20世纪80年代至21世纪初，随着苏联的解体和日本的崛起，大国博弈的主角变为美国和日本。由于经贸结构存在替代性，经济体量的日益接近成为触发博弈的导火索。当然，由于两者在军事实力上不能相提并论，加上两者需要相互依存，美日两国难以走向全面对抗。在1985年到1995

年的美日贸易战中，美国通过与日本签署《广场协议》获得了综合的战略优势，并在贸易、金融、汇率等维度对日本进行多维打击，不仅有效压缩了日本对美国的贸易顺差，还大幅刺激了日本对外投资与国内地产金融泡沫的膨胀，日本央行受制于《广场协议》，货币政策空间小，最终日本在贸易战中完败，迎来“失去的20年”。

21世纪以来，大国博弈主角逐渐变为G2（美国和中国）。随着以贸易衡量的中美经济差距急剧缩减，甚至将发生逆转，中美之间“大而不能倒”的相互依存性日益凸显，这是新型大国关系的根本基础，也是失控局面难以出现的主要原因。早在2016年5月25日，在美国海军战争学院时任美国国防部长的卡特发表演说称，美国对中国的战略态势“宛如与前苏联持续近50年的冷战对峙”。他说：“这将是坚决、温和但强有力的长期对抗，很可能会持续好些年。”“我们的亚太再平衡不会浅尝辄止，而会长期进行。”

改革开放以来，随着中国企业竞争力的增强，以市场换技术的策略逐渐被西方企业排斥，海外直接投资正逐渐成为中国企业获得先进技术的新方式。中国海外直投的规模增速显著提升，投资范围也从传统行业向技术密集领域拓展，中国企业在并购美国企业的基础上，逐步增加了对美国的创建投资与早期项目投资。

2018年4月，美国禁止其国内企业七年内向中兴通讯出售零部件。消息一出，业界哗然。几乎是同一时间，中国商务部和中兴通讯给出回应。商务部称，将密切关注事态进展，随时准备采取必要措施，维护中国企业的合法权益。中兴制裁事件加大了中美从贸易摩擦延伸到科技战的可能性。一叶知秋，这次制裁折射出中美关系的变局，中美博弈也因短期、中期和长期有明显不同。从短期来看，贸易战被作为重要武器，这是美国总统特朗普兑现竞选承诺、寻求政治资源巩固的筹码。从中期来看，全球化使得美国制造业占比逐步降低并丧失相应的就业机会，而中国制造跃升为全球第一。为了遏制中国制造业崛起，美国在制造业与技术机会层面与中国开展竞争这也是特朗普让美国再次伟大的诉求。而从长期来看，超出经济领域，美国可能掀起对华的全面反制，甚至未来无论谁出任美国总统，紧张关系都将延续。

美国对中兴的制裁，显示出中国在芯片等高科技通信领域的短板。中兴手机在芯片、零部件、操作系统等方面深度依赖美国，其产业链也对美国市场存在较大依赖。美国对中兴的制裁，直指中国“缺芯”软肋。我们知道，芯片作为一项战略性关键技术非常重要，比如说在通信设备领域，即便其中一颗芯片被禁，整台基站设备都会受影响。但相比芯片，更致命的可能在于操作系统，操作系统的缺失才是更大危机。在这个领域，谷歌的安卓系统与苹果 ios 垄断了市场，苹果之外的所有厂商基本上只有唯一的安卓系统可以选择，如果中兴连安卓系统都不能用，那么意味着它将没办法开展手机业务。

“中国制造 2025”十大领域中的第一个就是新一代信息技术产业。在信息通信设备方面，要掌握新型计算、高速互联、先进存储、体系化安全保障等核心技术，全面突破第五代移动通信（5G）技术、核心路由交换技术、超高速大容量智能光传输技术等，中兴通讯是中国在这方面的主力公司之一。这次贸易战，美国选择从占据优势的高科技产业出手，源于其看到了过去十年来中国在此领域的高速发展以及潜在威胁。可以看到，在人工智能、云技术、物联网等高科技领域，中国正在异军突起。

需要注意的是，从美国与各国的多次贸易战中可以看出，美国擅长在投资、汇率、技术等贸易之外的领域，采取多样化手段对目标国家进行多维打击。

从目前局势来看，贸易战扩大到科技战可能会是两国博弈全面升级的转折。在《2018 美国国防战略报告》中，美国公开将中国定位为战略竞争对手，不仅在贸易领域，美国对中国科技企业也出了手，剑指“中国制造 2025”，说明其对华强势态度全面升级。

认识到问题的深刻性，从战略而言，做好准备是十分必要的。由于特朗普政策的不可测性，要有战略定力，见招拆招或是积极应对。同时，为防止其咄咄逼人更进一步，也应予以适当的反击，做到以战促和。对中国来说，越是遏制，越说明高科技发展本身至关重要，中国应更加坚定地实施科技兴国和“中国制造 2025”战略，鼓励创新，保护产权，通过国内科研实力的提升，将握在外国企业手中的核心知识产权和技术，变成自己真真正正的技术。

在很多问题上，中美双方将在军事硬实力的支撑下，通过博弈一决胜负。战争无处不在，而且一直存在，没有开始就没有结束，生命本来就是一场战争。人类社会利益分配的不均，成为了一次次战争爆发的理由，比起以前，大国之间的战争正在朝着“隐形”“致命”“快速”等诸多更为隐蔽的战争形式转变。

如 2017 年 11 月 2 日，美军相关人员在俄罗斯采集“人体生物样本”，俄罗斯总统普京对美国发出了质疑，认为美军采集俄罗斯的人体生物样本，不会是为了找出斯拉夫人的基因缺陷，然后帮助他们进行基因优化这么善意。

翻看美国家档案馆解禁的肯尼迪时代的政府文件，可以看到这样的内容：“通过生物手段，在该国制造粮食危机，可以将其掩饰为自然灾害。因此，不能采用化学手段，除非能不被人发现。”

谁能想到早在半个多世纪以前，美国便已经具备了发动简单“生物战”的能力和思维，并且在历史资料中我们知道，这种直接攻击对象，并不会排除“人”。

美国在俄罗斯收集人体生理样本证据，已是确凿无疑。种种迹象表明，美国甚至整个西方联盟都存在着以“生物战”形式排除异己的重大嫌疑。

未来的军事对抗是高科技的军事对抗，未来的武器是高科技武器。军事硬实力的支撑，高科技不可或缺。军事领域里日新月异的科技创新浪潮波澜万千。

第二节　从第二次海湾战争看未来战争

2003 年 3 月 20 日，第二次海湾战争全面爆发，美国及其盟国组成的联军全力以赴。美国中央司令部司令官汤米 · 弗兰克斯说：“很少有人能够想到，这次战争需要将过去大量经过检验成形的作战理念抛出窗外。”在战争初期，他还说：“这场战争将不同于历史上任何一次战争。”

他说的是对的，这场战争同以往战争具有很大的不同，因为美国军事战略的核心已经发生了翻天覆地的变化。

巴格达当地时间3月21日夜间，联军轰炸机、战斗机以及军舰发射的巡航导弹，对伊拉克各地的众多固定战略目标进行了精确打击。美国空军的F－117“夜鹰”隐身攻击机拉开了战争的大幕，这场战争从一开始就体现出明显不同的战略思维。在整个战争期间，巴格达的电力几乎没有中断，这不是偶然。战争中，伊拉克遭到了700多架次轰炸机的空中轰炸和500多枚巡航导弹的攻击，这种大规模的空中战役具有以前空中战役所不具备的特征，这次的打击比以往任何一次都更精准。从B－2轰炸机的联合直接攻击弹药到F－15E战机的激光制导炸弹，战役中实施了大量的精确打击，数百个军事目标被击中。

联军的战略空袭行动，具有显著的特点：第一，对附带损害极端谨慎；第二，针对时间敏感目标和动态目标创新了打击模式。

空勤人员精心确定轰炸机的来回路线、初始点、释放点，制订打击目标、行动计划，空军部队的规划者评估在中央司令部数据库中的每个潜在目标，寻找将附带损害降至最小的方法，实际效果中的控制和精度远超以往的任何战争，军事目标遭到了一次又一次打击，而民用基础设施完好无损。

打击时间敏感目标（敌方重要人物）很困难，该任务需要大量的情报收集。空军部队拥有情报、监视、侦察机群。在第二次海湾战争期间，情报、监视、侦察平台大约飞行了1700架次。大容量、高密度和重叠交叉产生的态势感知和详细数据，超过了历史上任何一次空中战争。该地区的空军情报、监视、侦察机群包括8架E－8联合监视目标攻击雷达系统飞机，9架RC－135“联合铆钉”电子侦听飞机，15架高空飞行U－2间谍侦察机，1架“全球鹰”无人侦察机。海军提供了超过30架P－3“猎户座”海上巡逻机。同时空军的19架E－3预警机，海军的 20 架 E－2 预警机和 E－8 组成了一个成扇形展开的指挥和控制网络。超过 50 颗卫星在太空中支持空军部队的通信、导航和监视工作。除了这些专用的情报、监视、侦察、指挥系统平台外，许多轰炸机、战斗机和武装直升机搭载了专业化的目标搜寻设备，获得了全面的情报、监视、侦察图像，最终，空军部队发现了 156 个真正时间敏感目标和 686 个动态目标。

在第二次海湾战争中，美国海军和海军陆战队的飞行员也发挥了重要作用。首先，确保了海基空中力量与陆基空中力量无缝衔接。其次，无论是海军还是海军陆战队，都灵活地运用新的作战理念，发挥了他们在联合部队中的有效作用。5 艘航空母舰战斗群攻击能力优异，所有航母保持了高速运转，在前往战区的 20 天路途中以及 25 天的战争期间，没有一天停机维护，高速运转长达 45 天。

2003 年 5 月 1 日，时任美国总统的布什宣布，第一次海湾战争的主要作战行动结束，因为联军压倒性的空中优势，第二次海湾战争中，没有一架伊拉克战机升空与联军战机展开空战。

联军的精确制导武器（PGM，即“制导弹药”）成为海湾战争中最突出的亮点，它在大规模轰炸的同时减少了平民伤亡。在这次战争中，大规模、集团化，以坦克和装甲兵为主的闪电突袭思维，被证明彻底落后。联军空军部队在取得制空权以后，对地面的压制是致命性与彻底性的，空中力量从没有被提升到如此高度，整个海湾战争与其说是一场空地配合的一体战争，不如说是空中力量的完美表演。

美国开启了第一次信息化实战的先河，使用全球定位系统，让联军在不被敌人发现的情况下完全穿越沙漠；机载警报和控制系统以及卫星通信系统在发现伊军部队并实施打击方面效果卓著，第一次实现了“发现即摧毁”的目标。

第二次海湾战争是第一次高科技战争，改变了中国对战争形态的认识。隐形战机、GPS、电子战飞机、精确打击等各种概念和各种新式武器首次登场，悄悄地打开了未来战争的一扇窗，空中优势揭开了美国战争方式的全新篇章。

丘吉尔曾经说，这不是结束，甚至不是结束的开始，而仅仅是开始的结束。

第三节　军事黑科技

2018 年 4 月 13 日晚间，美国总统特朗普宣布，已联合英国和法国，对叙利亚政府军掌控的军事设施实施了精准打击。4 月 14 日，美英法三国联军对叙利亚境内多处“化武”相关目标发动巡航导弹空袭，总计发射约 120 枚，除“战斧”式巡航导弹外，美军还首次使用了一种新型隐身巡航导弹。

第一次海湾战争中，美国第一次大规模使用“战斧”式巡航导弹，巡航导弹究竟强在何处？其实巡航导弹的飞行速度比弹道导弹慢不少，射程也不如远程弹道导弹或者洲际导弹，但是，巡航导弹有很多弹道导弹无法比拟的优势。

与弹道导弹相比，巡航导弹体积小、重量轻且成本低，还可以超低空飞行。因为没有固定弹道，巡航导弹很难被发现和拦截。不仅如此，巡航导弹还适合多种发射平台，既能在地面、水面发射，又能从空中、水下发射。这么多的优势，让巡航导弹成为世界军事强国中不可或缺的战略和战术武器。2009 年 10 月 1 日，在纪念中华人民共和国成立 60 周年的阅兵仪式上，身披迷彩战衣的我国第一代陆基巡航导弹首次亮相。

巡航导弹的飞行速度较慢，但据报道，俄罗斯正研制新型高超音速巡航导弹，可达 8 倍音速，导弹可从陆地、海上和水下发射，打击过程仅需 200 秒，在反导系统还没来得及作出有效反应前，就能击中目标。

在第二次海湾战争中，F－117“夜鹰”隐身攻击机登场，这是世界上第一款完全以隐形技术设计的飞机。隐形飞机主要通过在机身涂上一层高效吸收电波的物质使雷达无法追踪。但要达到隐形效果，还需要其他技术。能造隐身飞机，就能造隐身导弹，美国空袭叙利亚就使用了新型隐身巡航导弹，即 AGM－158“联合防区外空地导弹”。这种隐身导弹以高亚音速飞行，采用新型涡喷发动机，其射程超过 1000 千米，可从敌军远程防空导弹的射程外发射，打击位于敌方纵深地区的高价值目标，是目前世界上射程最远的巡航导弹之一。除美军外，法国也从地中海上发射了数枚 Md-CN 隐身巡航导弹。

隐身巡航导弹的出现是科技创新的结果。随着反巡航导弹技术的进步，非隐身设计的空射巡航导弹在现代防空系统面前的突防效果开始降低，要想穿透现代化的防空体系，必须具备更好的突防能力，而降低巡航导弹雷达反射截面积，是提高巡航导弹突防能力的重要途径之一。因此我们看到，目前隐身技术主要包括雷达隐身、红外隐身、可见光隐身和声隐身等。

隐身技术应用到巡航导弹上，提高了导弹的远程突防和打击能力，应该说隐身化已经成为新一代巡航导弹的发展趋势。

中国自主研制的新一代隐身战斗机歼－20 和歼－31，代表了我国在武器隐身水平上有了长足的进步。隐身巡航导弹相对于非隐身巡航导弹来说，最大的技术跨越体现在隐身性能上，而动力系统、制导系统等变化不大。因此，在掌握非隐身巡航导弹技术的情况，在其基础上发展隐身巡航导弹，不存在难以逾越的技术障碍，我国完全可以研制出隐身巡航导弹。

今天，各国军事中的黑科技常被报道，如美国波音公司研制出一台专打无人机的激光炮；波兰发明了超强液体防弹衣，使用一种名为“剪切增稠液体（STF）”的液体，一遇子弹就变硬，可以阻挡任何子弹；还有，美国一家名为 Teledyne Technologies 的工业公司（这家公司正在为美国政府军事研究院代理 Darpa 制作子弹）研究出能拐弯的子弹，据说这种子弹依托于一种类鱼鳍部件的帮助，能根据风向和目标的移动来给子弹自动引导方向，会四处“拐弯”。

未来的战争都是高科技的战争，是看不到“士兵”的战争，国家之间真正比拼的是完备的军工和科技体系，黑科技才是最坚强的保证。

第四节　“北斗”与“GPS”

在第二次海湾战争中，联军拥有奢侈的、无可争议的太空优势。在这次战争爆发的前几天，美国空军航天作战与集成项目负责人富兰克林·J.布雷斯代少将说：“我们的国家在太空占主导地位，我很同情那些与我们为敌的国家。”

在这次战争中，航天部队和航空部队紧密地结合，联军指挥官莫斯利设立了航天部队协调机构。航空和航天“震慑”行动由超过 50 颗卫星组成，这些卫星具有非凡的能力，如国防支援计划卫星红外监测系统针对伊拉克的导弹袭击提供早期预警，通信、气象、导航功能也以航天能力为基础，在联合通信以及空军、陆军、海军之间定位信息的传输方面，通信卫星发挥了很大的作用。GPS 卫星定位系统组成的精确网络，确保了 5500 枚 GPS 制导联合直接攻击弹药发现并击中目标。

在地面上，GPS 卫星定位系统帮助提高部队响应的速度和近距离空中支援的准确性。航天部队不但支持传统的地面部队、海军部队、特种作战部队，同时也支持空中力量。

GPS 卫星是由美国海军发明的，今天则是由美国空军运营。这套全球定位系统项目于 20 世纪 70 年代初启动，目的是为了打破以前的导航系统的限制，这项技术在好几年的时间内仅限于军用。在第一次海湾战争中，美国利用 GPS 卫星在科威特和伊拉克沙漠中导航。1995 年，GPS 实现了 24 颗卫星的全面运转。在美国的 GPS 卫星群中，大约有 30 颗卫星，俄罗斯还有一个 GLOMASS（全球卫星导航系统）卫星群，中国和欧洲也在启动自己的卫星群。

1991 年，美国 GPS 在第一次海湾战争中亮相，迅速掀起以卫星导航为核心、实施精确打击的军事变革。今天，导弹呼啸、战机轰鸣、军舰破浪……中国的北斗系统也将助力着祖国的国防事业。

2017 年 11 月 5 日，我国北斗三代导航系统的首批组网卫星（2 颗）以“一箭双星”的发射方式顺利升空。按照计划，2017 年至 2020 年，我国将先后发射 35 颗北斗三号导航卫星，建成采用无源与有源导航方式相结合的全球卫星导航系统，其服务范围为全球。

北斗系统不仅是一个导航精度达亚米级的强大卫星导航系统，也是中国统一时空基准的天基物联网，是名副其实的国之重器。进入智能化时代，无人驾驶的武器装备必将进入战场，北斗系统必须要能够准确定位地面上、天空中的各种设施装备。北斗定位是天地的“一张网”，精准至厘米级，还能高精度“赋能”全社会，到 2020 年前后，北斗将最终完成全球组网，形成全球覆盖能力。

民用方面，卫星导航具有广泛的产业关联度和工具开拓型功能，是改造一系列传统产业的利器，是各行各业实现转型的重要途径。依托移动通信、汽车制造和互联网三大产业，中国的北斗系统已经实现了跨越式发展，目前已形成包括基础产品、应用终端、运行服务等较为完整的北斗产业体系。

北斗高精度定位服务将成为全社会共享的一项公共服务，在其赋能之下，智慧城市、自动驾驶、智慧物流等各种应用都将真正实现大规模商用。在世界科技领域迈入智能化时代的今天，我们还要对北斗系统重新定义，才能把握北斗的发展方向。

第五节　核弹威慑

自冷战以来，核武器已成为人类文明终结者的恐怖象征。美国在第二次世界大战结束之前，向日本广岛和长崎投下的原子弹，都是在距离地面约 500 米的高度引爆的，目的在于实现冲击波打击范围的最大化。投向日本的两颗原子弹的爆炸当量为1.5万吨。在这两次核爆炸中，冲击波作用半径1千米，如果使用的是400万吨级的核武器，那么最佳爆炸高度就为3000米，作用半径将达到6.2千米。

目前，公开承认并拥有核武器的国家是美国、俄罗斯、中国、法国、英国、印度和巴基斯坦。其中美国是核武大国，拥有的核弹数量最多，处于战斗状态的加上库存和未组装的散件，美国差不多有1万枚核弹头。

其他国家对核力量也极为重视。以发展中国家印度为例，印度已经将核力量建设计划视为其21世纪安全战略的基石，并由此积极寻求发展与其长远国家目标相匹配的核力量，立志成为一流的世界性核大国，并将其作为印度追求大国地位的终极目标。

印度认为，从技术指标上来说，要想成为一个世界性核大国，不仅要拥有核武器，而且还要具备能够覆盖世界主要国家和地区的核武器运载工具，并具备二次核打击能力。为此，印度不惜耗费巨资，打造“三位一体”的核威慑力量。在发展陆基核力量的同时，积极发展海基和空基核力量。目前，在陆基核力量方面，印度拥有大量能够携带核弹头的中短程弹道导弹，其中包括“大地”系列和“烈火”系列弹道导弹等。在海基核力量方面，印度拥有试航的“歼敌者”核潜艇，未来还将建造4艘弹道导弹战略核潜艇。在空基核力量方面，印度未来采购的战斗轰炸机，如“阵风”战斗机、苏-30MMK舰载战斗机以及PAK-FA隐形战机等，都能够从空中发射核武器。

根据印度核力量发展计划，到2030年前，印度将拥有不少于300件空基、陆基和海基运载工具和超过400枚核弹药。从总体来看，如果印度成功加入核供应国集团，以其现有的经济实力和技术能力，发展成为一个世界性核大国将只是时间问题。

中国国防白皮书是这样定位的：核力量是维护国家主权和安全的战略基石。国家主席习近平说，以战止战，能战方能言和。这是战争与和平的辩证法。

1964年10月16日，我国第一颗原子弹爆炸成功，打破了超级大国的核垄断。而中国研制氢弹用时最短，更是创造了世界核武器科技史上的惊人奇迹。封锁、屏蔽都没有阻挡中国的脚步。中国实现了原子弹、氢弹、核武器小型化等一系列重大跨越，保障和支撑着我国的战略核威慑能力，是奠定我国大国地位的“定海神针”。

大国核竞赛就是一场淘汰赛。从战略角度来说，核武器是威慑性武器，它的威力是空前的，它让任何一个拥有它的国家拥有威胁任何一个核大国的底牌，并且，它让任何一个拥有它的国家（包括常规意义上的小国）拥有抵御任何一个核大国讹诈（主要是核讹诈）的底牌。而在此前，任何的武器都无法做到这一点。核武器轻松拉平了国与国悬殊的国力差距，有了这个超级武器，再强大的国家都不能无视其他拥有核武器的国家。一旦真的发生核战争，无论是基于“打击社会财富”目标还是“打击军事”目标，都会导致一场灾难性后果。

在有核国家中，美国拥有非常完备的“三位一体”核打击能力，根据美国国会预算办公室预计，在未来30年里，美国新核武器建设的总成本将达到1.2万亿美元，未来的核武器研发将非常耗费资金。

为了构建核安全命运共同体，中国连续四次参加核安全峰会，通过积极参与核安全进程，并采取具体措施落实达成的各项倡议，为提升全球核安全水平做出了重要贡献，有力地推动了世界范围内核安全秩序的演进。国家主席习近平在2016年核安全峰会上提出四项主张：一是，强化政治投入，凝聚国际共识，构建以合作共赢为核心的新型国际关系，把握标本兼治方向，推进全球安全治理；二是，强化国家责任，部署实施核安全战略，构筑严密持久防线；三是，强化国际合作，打造核安全命运共同体，推进协调并进势头；四是强化核安全文化，营造共建共享氛围。

今天，在核禁试的时代，各国转入实验室里探索武器物理规律，过去的核爆走向了微观。在核领域的攀登之路更艰险了，“可控核聚变”是世界战略科技竞争的重要制高点，是人类文明最根本的挑战之一。

第六节　隐身霸主

未来战争中，如果核战爆发，如何躲避危险？

如果核爆发生在现代化大都市，会是如下情景：

最初几秒的强烈光辐射和贯穿核辐射，让数千米内与炸点直视范围内的暴露人群立即死亡，五光十色的镜面玻璃墙围的反射作用，会让躲藏在大楼背面的人们在光辐射下暴露无遗，无数建筑在高温下开始起火燃烧。接踵而至的冲击波将所有玻璃幕墙化为无数的玻璃霰弹横扫大街小巷，满载汽油的上百万辆汽车会带着烈焰飞到数个街区外传播火种。

核爆之后，会产生大量的放射性物质。放射性沾染在一切结束之后，还要纠缠数年，其杀伤范围在很大程度上取决于风力、风向等气象因素，更取决于事后消洗作业和医疗救护工作的效率。暴露人员无疑是最脆弱的目标，任何隐蔽物都能缩小核弹的杀伤威力。

世界上没有任何核大国有能力单凭核武器来摧毁另一个大国，它只能重创敌人和激怒敌人，所以才有今日世界恐怖的核平衡，没有发射出去的核武器才是最有威力的。

当核爆发生时，一个高质量的避难所才是真正的隐身霸主。对于城市来说，密布的地铁网和地下停车场是天然的隐蔽所，特别是那些在设计时考虑过核袭击因素的地下设施。

发生核爆时，求生要注意六大步骤。

其一，在距爆点数十千米以外的地方，都可以看到核爆产生的亮光。千万不要直视爆炸点的火球。即使在很远的地方，这么做也会导致暂时性的失明。如果在爆点几千米外，你有 10 ~ 15 秒的时间来躲避热浪的袭击，而震荡波在 20 ~ 30 秒后到达你所处的位置。

其二，立刻寻找遮蔽物，如果找不到避难之处，找一个低洼的地方脸向下趴好，尽可能不要把皮肤暴露在外。

其三，避免暴露在射线中，尽量不要在射线中暴露5分钟以上。如果在乡村地区，找个山洞或者能容纳你的树洞躲起来；或者挖一条沟渠，躺在里面，并且在你周围堆上土。

其四，继续加强你的防护避难所。如果躲在沟渠里，找点东西覆盖一下，但是只能在附近找，不要在不必需的时候暴露自己，做好在避难所里待上至少200个小时（8～9天）的准备。在爆炸后的最初48个小时内，绝对不能离开避难所。

其五，定量分配物资，这是为了活命。因为你最终仍然会因为寻找补给，而暴露在辐射中。

其六，真正造成大量人员伤亡的并非初爆，而是辐射。含放射尘的雨水呈现煤烟般的黑色，也就是“黑雨”。黑雨的致命性很强，所有与其接触的东西都会被污染。一旦熬过了初爆和初始辐射，那就必须找到合适的避难所来躲避黑雨的灼伤。

核战争中，使用400万吨级的核弹头、采用空爆形式的核袭击，对城市的破坏力是惊人的，爆点半径10千米范围的几乎所有建筑都将被摧毁。这是世界各国人民共同希望永远不要出现的场景，反核战标志，也成为当今世界被广泛使用的标志之一，这个标志是按照“核裁军运动（CND）”的要求设计的。

核大两国共同肩负着和平利用核能、防止核扩散、打击核材料走私和防范核恐怖主义的国际重任，在维护核安全方面达成了高度共识，并且一直保持着良好合作。

第七节　矛与盾

弹道导弹如何突破反导防御？反导防御如何拦截弹道导弹？现实的军事世界就是一个矛盾世界。导弹与反导，有攻与守的用意，矛与盾，一攻一守，两者合二为一方可发挥最大效能。单纯考虑一种武器的性能而忽略另一种武器的性能，发挥的就不会是最大效能。

先说矛。突防技术是提高弹道导弹生存力的重要措施，已成为军事强国新一代弹道导弹的基本设计要素。尤其是在各国动能反导导弹都逐渐出现的21世纪，加强突防技术是大国弹道导弹保持它的战略威慑价值的最大保障。

目前主要的弹道导弹突防技术有五种。

一是助推段突防技术。速燃发动机技术、助推段红外隐身技术和抗激光技术对弹道导弹助推段突防起着至关重要的作用，俄罗斯和美国等先进军事大国都在他们的弹道导弹上采用了速燃发动机技术。

二是诱饵突防技术。洲际导弹在飞上太空之后，把几个真弹头和几十个假弹头一起释放出去。惰性诱饵和反模拟诱饵在技术上已比较成熟，电子欺骗诱饵已进行了试验室验证，对在大气层外拦截的中段防御系统有良好的突防效果，是对抗GMD（陆基中段拦截系统）探测雷达的一种有效突防技术。智能诱饵是比电子欺骗诱饵更高级的主动对抗诱饵，它不仅可以从飞行中收到的信息中自主确定出脉冲转发器应发出的信号来欺骗干扰导弹防御系统的探测雷达，自主模拟弹头的机动飞行，而且能够探测反导拦截弹的发射，对其拦截过程进行分析、评估和判断，必要时主动引诱拦截弹对诱饵自身攻击而保全弹头，甚至还具有主动攻击拦截弹的对抗能力。

三是隐身技术。雷达隐身与红外隐身技术是国外战略、战术弹道导弹弹头重点研究和应用的领域，美国“民兵”洲际导弹的MK12弹头，就采用了雷达隐身技术。

四是机动弹头技术。机动弹头可以规避反导拦截弹的拦截，被认为是弹道导弹最重要的反拦截技术之一，各军事大国普遍高度重视这一技术。

五是滑翔机动弹头（乘波体）技术。采用滑翔式机动弹头技术，可使弹道导弹增强突防能力，是未来弹头技术发展的新方向，此项技术在战略和常规导弹弹头上具有广阔的应用前景。滑翔机动弹头，相比传统的火箭发动机推动弹头，最大的特点就是机动范围特别大，甚至可以超出拦截弹的捕捉范围，那么反导拦截弹也就失去作用了。

再来看盾——反导系统。反导系统是针对敌方弹道导弹的探测及拦截系统，理想的反导系统可以完全拦截敌方的导弹袭击，而导弹是目前核武器的最佳载具，因此一个完备的反导系统可以被称为“核武器终结者”，具有重要的战略意义。

如果从核威慑平衡的角度来看，反导系统不是一个单纯的技术层面概念。

如果从国际关系和地缘政治上看，反导系统的地位类似于洲际导弹，尽管它是防御性质的武器。反导系统本身是个很宽泛的概念，它包括舰载的防空战斗系统，如宙斯盾系统、野战防空系统，包括最末端的弹炮一体防空单元，也包括固定部署的像爱国者一样的拦截弹。这些都可以视为导弹防御系统，

美国的 NMD（国家导弹防御系统）和 TMD（战区导弹防御系统），是主要针对洲际导弹和长程弹道导弹的高端反导系统，其主要任务是拦截跨洲发射的核导弹，或射程超过 3000 千米的搭载核弹头或者常规弹头的弹道导弹。所以，这一系统的特殊性，已不是一个单纯的战术概念，这种反导系统，是一个不折不扣的战略层面的概念。

面对如导弹一类的强大进攻武器，世界上的军事强国纷纷研制和部署了反导系统，在局部冲突越演越烈的今天，导弹防御系统的地位和作用在逐步提升。从博弈论角度出发，反导系统也是可以抵消敌方的核威慑力的。中国国家导弹防御系统（CNMD），由防空、海防、地对地三大导弹系列组成，它并不是单一的应对导弹威胁的系统，而是组成积极防御军事战略的中坚力量。

第八节　网络战争

与互联网应用繁荣伴生的是越来越严重的网络安全威胁。对于军事部门来说，这里是截然不同的另一个战场。这里没有硝烟，听不见枪炮声，看不见对手，也不大会死人，但是其激烈程度绝不亚于沙场。

2006 年，伊朗与欧美谈判破裂后重启铀浓缩，美国军队随后启动了一项绝密的针对伊核的网络战计划。名为震网（Stuxnet）的电脑蠕虫正是美国和以色列联合开发的，这种病毒在 2009 年给伊朗核浓缩设施造成物理损坏。震网病毒的使用，让能够造成物理破坏的尖端网络攻击变得合法化。今天，震网的源代码可以下载、研究和再利用。

网络武器有点像生物武器，其打击范围往往会超过原定目标，一旦被盗窃或使用，其基础代码就可以不断地被重复利用。例如从美国国家安全局盗窃的研发成果，已经被用在像 WannaCry（一种“蠕虫式”勒索病毒软件）这样的网络攻击中，这种攻击让美国乃至全球的商业活动都受到影响。所以微软就曾呼吁，世界应签订一个“数字日内瓦公约”。

网络安全是未来战争的重中之重。美国五角大楼的研发部门就在执行一项 X 计划，用 4 年时间、耗资 1.25 亿美元打造全球首个网络战场预警与防御系统。因为在互联网时代，信息战以及网络恐怖主义日益成为各国关注的重点。在美国，网络破坏和信息窃取被列为国家安全的第一威胁，甚于恐怖组织和大规模杀伤性武器。跟企业的安全专业人士一样，五角大楼的信息安全团队也要长时间蹲守在电脑旁，分析代码、侦测漏洞，这既是枯燥无味的工作同时又需要先进的工程技能。

在网络世界，要想保护国家安全，必须扩大国家安全资产的定义，必须考虑如何应对大型云服务供应商被入侵的问题，因为这些供应商的重要性不亚于电力网络。现在特朗普政府正在考虑奥巴马政府时期的一项提议，将网络司令部从美国国家安全局分离出来，从而与国家安全局收集情报的职责做一个区分。

目前，网络世界对真实世界构成的威胁变得前所未有的严重，且局面还在恶化，如黑客前后两次对乌克兰变电站发动攻击，造成乌克兰大面积停电，乌克兰基础设施成为黑客练兵场。如今，网络攻击对企业和个人所造成的直接影响，是冷战期间的核战争威胁所无法比拟的。在以前，虽然核毁灭的威胁笼罩着所有人，但大国的隐秘行动与企业的日常运作相隔甚远。今天，企业已经被深深地卷入网络纠葛中。

360 公司董事长周鸿祎认为，网络战是超限战，需要军民融合参战。当前世界已经进入网络战争时代，和常规战争不同，网络战争没有明确的时间点，以后可能用网络战争就能让电厂停电、雷达失效、飞机停飞。

对企业来说，网络黑色产业规模 10 倍于网络安全市场，网络恐怖主义已经形成完整链条；另外，随着人工智能的应用，更多生产场景中将出现“无人值守”的情况，物联网、车联网和工业互联网领域将出现网络安全新问题。

从理论上看，没有任何网络是真正意义上没有漏洞的，因为程序由人编写，是人就会出错。信息行业认为，平均 1500 行代码就有一个错误，而智能手机里的代码以千万计，地铁信息网络都是过亿代码，所以理智地说，我们应该放弃做一个不会被攻破的系统的想法，因为没有攻不破的网络。

相比于网络黑客、网络病毒，还有另一个层面的潜在威胁——互联网霸权。没错，就像今年美国针对中兴的制裁，赤裸裸的贸易霸权一样。2018 年 6 月 11 日，美国通讯委员会发表公告，废止了 2015 年奥巴马政府时期制定的网络中立法案，这意味着互联网服务提供商可以在提前告知消费者的情况下，屏蔽这些网站或者降低这些网站的访问速度，直接一点就是断网。如果美国再来一次“中兴发难”，对中国采取这种措施，将会导致我们的银行、交通、商业、邮电等系统瘫痪，带来的影响不难想象。

现在全球的根服务器有十三个，其中一个主根服务器和九个辅根服务器在美国，其余的三个分别在瑞典、荷兰和日本。最近有一则报道说，美国网络军已经得到国会授权，可以对网络攻击和盗取美国知识产权行为做出反击，锁定地址后利用美国的网络特权，即根服务器关闭攻击者网站。

随着互联网的发展，互联网战争也已从根目录域名解析转移到了全新的战场——操作系统。2016 年，苹果 iOS 的几次下架风波轰动全国，这时候才发现我们的互联网繁荣是建立在别人的地基之上的。就在 2018 年中美易贸战正酣的时候，美国方面就有人提出：“可以考虑在对华禁售芯片的同时，也对华停止安卓系统的激活。”这一方案目前并没有实施，但并不代表不会发生。

所以，什么是“卡脖子”？这就是了。我们必须深刻认识到军事霸权、贸易霸权、互联网霸权等隐藏的潜在危机。在目前互联网的单极格局中，破局的关键不只要在核心技术上进行创新，还需在体制、机制上进行整体创新。

第九节　电子与激光武器

除了网络战外，在现实世界，各国更是在积极发展各种对未来战争有着极大影响的新概念武器。从两次世界大战期间出现的机枪、坦克、飞机、潜艇到当今局部战争使用的 GPS、隐性技术、制导武器等，无不极大地影响和改变着战争形式。近年来，随着科学技术的不断发展，新概念武器纷纷登场，其中主要包括激光武器、电子武器、高功率微波武器、高超音速武器等。

在这些未来新概念武器中，激光武器是目前理论最成熟、发展最迅速也最具实战价值的前卫武器。其原理主要是利用激光束的辐射能量，在目标表面上产生极高的功率密度，使目标受热、燃烧、熔融、雾化或汽化，并产生爆震波，从而在瞬间危害或摧毁目标。由于具有无后坐力、无污染、直接命中等诸多优点，激光武器已经成为发达国家的未来重点研制武器。

据称，美国就已经将激光武器列为下一代先进装备的研发规划之中，美国海陆军三军都不约而同地在该领域砸下重金，以加快 2020 年到 2022 年的激光武器实战化进度。例如，美国海军已经将激光武器系统的合同交给洛·马公司，若附加项目全部到位，总金额将达到 9.43 亿美元。而美国空军将从 2018 年夏天起，在 KC－135 加油机上开始激光武器概念验证试验。如果进展顺利，2021 年美空军 F－15 战机就可以测试激光武器，2030 年时，60 千瓦的大功率激光武器也将进入实战化部署。

电子武器中最具代表性的是电磁轨道炮，美国海军一直在致力于“未来武器”电磁轨道炮的研发工作。这种武器利用的是电磁学原理，沿导轨发射金属炮弹，虽然炮弹本身没有炸药，但可透过高速撞击产生惊人的破坏力，大大改善了作战效率，对于打击金属目标，激光炮或者电磁轨道炮比火箭炮成本要小得多。电磁轨道炮将代表未来的海战优势，目前美国海军已经拥有激光武器以及电磁轨道炮，但他们认为这还远远不够，他们想要使这些武器更加精良，美军方预计在2020年之前会生产出这些武器的升级版。

科学技术的发展是无穷无尽的，未来武器装备的种类也将会层出不穷。如俄罗斯军工部门成功研发了一种新型的A－60机载激光反卫星武器，该激光反导弹武器性能相当先进，可携带大功率激光器，通过密集能量激光脉冲的致盲软杀伤方式，使光学侦察卫星瘫痪。可以预测，随着科学技术的不断发展和在军事领域的不断应用，未来战场上将出现更多新概念武器。“纳米”武器、信息武器、芯片武器、粒子束武器、智能武器等在内的高科技型武器，都将在未来战场中得到更为广泛的应用。

大国要维护和平，就一定要在军事上保持战略平衡。因此，世界很多国家都投入大量的资金研究新概念武器。

第十节　决战外太空

2018年1月5日，《星球大战8》在内地上映，美式科幻再一次让我们感受到了未来的太空战争。余温未过，紧接着2018年6月20日，美国高调宣布，美国总统特朗普下令组建美国军队中的第六兵种，即太空军。美国的这个举动，让我想起几十年前由美国时任总统罗纳德·里根在冷战后期提出的“星球大战计划”。其背景是由于苏联拥有比美国更强大的核攻击力量和导弹破防能力，美国害怕“核平衡”的形势被打破，需要建立有效的反导弹系统，来保证其战略核力量的生存能力和可靠的威慑能力，维持其核优势。同时，美国也是想凭借其强大的经济实力，通过太空武器竞争，把苏联的经济拖垮。

随着美国中央情报局冷战密件的曝光，“星球大战”计划被证实是一场彻底的骗局，一时间舆论哗然。大多数人开始相信，“星球大战”计划只是美国政府为了拖垮苏联而采取的一种宣传手段而已。而实际上美国从未停止对太空的探索，美国人如此执着于太空并不是没有理由的。从纯军事角度看，谁能掌握太空，谁就能取得现代化战争的绝对优势。背后的目的无非是为了维持自己军事实力世界第一的地位。

早在 1967 年，包括美国在内的许多国家就签订了《外层空间条约》，条约明确规定不得把太空当作军备竞赛的舞台，不能在太空部署任何大规模毁灭性武器。包括中国在内的许多国家长期坚持太空非军事化的原则，反对在太空部署军事用途武器。而美国这次的公开“弃约”，暴露了美军要把太空军事化的意图。美国为了扩大自己的军事优势煞费苦心，不顾世界的反对。既然美国人先迈出了这一步，那么其他国家的太空和平愿望就无法实现，为了防止美军占据太空后更加肆无忌惮，其他国家没有任何选择，也必须发展自己的太空军事力量。所以可以预计，未来围绕太空领域的争夺会掀起新的太空军备竞赛。

外太空战争，很可能是以“非动能打击”的形式展开的，包括电子战和网络战、干扰军用卫星的通信、合成孔径雷达卫星的观测以及全球导航系统（GPS）的精确定位。随着技术的进步，电子战和网络攻击能力可能会加大，俄罗斯宣布将在 2020 年之前研制新一代电子战武器。

然而，当电子战和网络武器未能达到预期目标时，各国将使用传统手段来打击太空资产，包括传统的直升式反卫星导弹。它由洲际导弹改装，携带能够精确打击的动能弹头。未来中国和俄罗斯将把太空武器作为航天强国的标志，不光是近地轨道卫星，就连 3. 6 万千米高度的地球同步轨道卫星都不再安全，如果失去了信息化优势，美国的技术优势将大打折扣。

在俄罗斯反卫星试验中，采用了地基直升式反卫星导弹，技术门槛低是俄罗斯这一决策的主要原因。地基直升式反卫星导弹，实际就是利用运载火箭或导弹改造的反卫星武器，由于弹头采用碰撞或爆炸方式，因此导弹的有效载荷不必很大，现有的中远程弹道导弹在减小载荷后，基本都可以满足反卫星作战的需求。地基动能反卫星导弹直接杀伤在轨卫星，因此不需要推力足够大的运载火箭将拦截卫星送入轨道，并进行技术复杂的变轨。与空基反卫星导弹相比，其拦截不依托空基力量，也就回避了更复杂的空中大型导弹发射技术。与海基反卫星导弹相比，其不需要考虑与有限舰船整合等问题。而与激光、粒子束等新概念导弹相比，地基动能反卫星又现实得多，是短期内拥有反卫星能力最快捷的方式。

借用《星球大战8》海报上的一句话："原力觉醒打破黑暗，绝地反击引爆空前一战!"

第十一节　创新的战争思想

当前，国际格局和国际体系正在发生深刻调整，全球治理体系正在发生深刻变革，国际力量对比正在发生近代以来最具革命性的变化。在这个前所未有的大变局中，以争夺战略主动权为本质的世界新军事革命深入发展，各国纷纷调整安全战略、军事战略，调整军队组织形态，其速度之快、范围之广、程度之深、影响之大，为第二次世界大战结束以来所罕见。

而这次新军事革命为中国提供了千载难逢、稍纵即逝的机遇，谁思想保守、故步自封，谁就会错失宝贵机遇，陷于战略被动。强国必强军，强军必改革。军队改革是全面改革的重要组成部分，也是全面深化改革的重要标志。军队要跟上中央步伐，坚决推进各项改革，一定要有这样的历史担当。

马云曾在阿里巴巴达摩院成立大会上说，科学家和企业家其实有很多共通点。第一，他们都需要乐观主义，没有乐观主义是看不到未来的。第二，科学家和企业家都必须具备"家国情怀"和"世界担当"。第三，他们都必须拥有创新精神。今天，中国军人同样必须具有乐观主义、家国情怀、世界担当和创新精神。

目前世界上最具创新活力的两个国家是中国和美国，从近五十年的世界军事发展看，我们的军事思想、战略战术每时每刻都会受到技术革命的冲击。回想20世纪80年代末，中美政治关系正处于蜜月期，也是军事交流最频繁最直接的时期。我曾经作为中国军方的代表之一，和美国军方代表一起探讨未来的军事战争形式。我印象非常深刻，当时他们年轻的军官们就在和我们谈外层空间战略，讲星球大战，讲空地一体战。在讨论中，我国的一位白发苍苍的老将军问他们："空地一体战，是空在前还是地在前?"我发现当时美国的军官们满脸傲慢与不屑。

可实际上，当时我们受装备技术的限制，对现代立体战争的认识还比较肤浅，没有触摸到实质，还不知道现代立体战争、信息战争到底是什么样子。所以我们困惑于空地一体战。因此我们那些身经百战的将军们才提出在今天看来很没有意义的问题。技术装备的水平，决定了战争的指导水平、军事思想水平。所以，那一幕我至今记忆犹新。面对未来，在军事上的发展，我们必须通过技术上的创新，走出一条特色的装备之路。通过技术创新和现代化的军队瞄准现代战争，形成我们新的未来的作战方式和相应的编制，以及指挥管理体制和相应的军事战略思想。

美国通过科技创新才实现了军事的飞跃，我们也只有坚持创新才能占据军事制高点。只有创新才能促进技术、装备的提高。同时我们要看到，技术、装备和战争模式这三者之间本身就是相互影响的，各种新技术在军事领域广泛应用，必然会导致更多新式武器装备的出现，而新式武器装备的出现又将对未来的战争模式产生重大影响，因此，需要集合不同专业的人才组成研究队伍，通过深入的研究，来摸清未来战争的走向和确定未来武器装备的趋势。

未来的战争模式将是高科技、宽领域、强智能的。随着探测、高速信号处理和控制等技术的发展，未来武器的智能化程度将进一步提高，更高的透明度、更广泛的连接和深度的机器智能，将成为在21世纪的战场上获得作战优势的关键。换言之，高科技才是未来战场取胜的关键。

此外，未来战场将向更深更广阔的领域拓展。随着太空领域的不断开发和各种太空攻防武器装备的部署，对外太空的争夺将越来越激烈，外太空将进一步成为国家安全的“战略制高点”和国家利益的“重心”。预计在不久的将来，决战外太空必成现实。

此外，信息网络战也将成为未来战争中的一种重要作战样式，以计算机为核心的信息网络已经成为现代军队的神经中枢，随着各种芯片武器和病毒武器的出现，一旦计算机网络遭到攻击并被摧毁，整个国家的军事机器都将瘫痪，从而使得战争可能在很短的时间内就见胜负，真正达到“不战而屈人之兵”的效果。

总之，持续成熟的科技革命将会引发深刻复杂的军事变革。随着各种隐身技术、数据融合、合成生物学等领域的发展，新概念武器装备纷纷面世，这将极大推动国家军事结构的重大变化，大幅提高军队的作战效能。可以肯定的是，未来战争的胜利取决于谁站在科技制高点上。

chapter nine

第九章 未来人类

导语：在科技创新时代，新一轮科技革命和产业变革正在重构全球创新版图、重塑全球经济结构。科学技术从来没有像今天这样深刻影响着国家前途命运，从来没有像今天这样深刻影响着人民生活福祉。新的科技形式还将源源不断地涌现，人类利用高科技创新，将人类的探索沿着时空两个方向不断推进。

第一节　用3D技术快速打印房子

未来人类将面对更多超出想象的“黑科技”，这些科技将从衣食住行等全方位地改变人的生活。在居住方面，用3D技术快速打印房子即是一例。《3D打印改变世界》是《哈佛商业评论》中的一篇文章的题目，这一过程中显示着泛工业化制造商的兴起。

3D打印使得单品制造几乎和大规模生产一样便宜，从而必将对规模经济产生削弱效果。它对世界产生了深刻影响。首先在电脑上建立一个大致的3D模型，并对其形状和颜色进行必要的修正。然后你只需要轻轻一按“打印”键，摆在附近的机器就会悄然开始工作，发出轻微的声音，并一点点将你的模型打印出来。无论是喷填充材料，还是使用胶合剂或激光来固定粉末薄层，都由机器自己来完成。

由于成品是逐渐铺陈材料所得，即每次只铺一层，所以这种技术还有个别名叫作“添加制造技术”。通过这种技术，汽车配件、灯罩，甚至小提琴都可以被制造出来，其精细程度足以让人目瞪口呆。3D打印技术的优点在于它不需要一家工厂来运作，小件物品可以由类似桌面打印机的机器制作，这种机器便于直接摆放在咖啡店、商店甚至家中的角落。而稍大的物品，比如自行车车架、汽车板、飞机零件等，则需要更大的机器和空间。

3D 打印技术最初是应用于模具制造、工业设计等领域的，后逐渐用于一些产品的直接制造。在制造业中，建筑、汽车、航空航天等早已应用此技术，而后在食品、服装、医疗、生物等领域也有所发展，如点心、鞋子、假肢、器官、细胞等都已经实现了 3D 打印。简而言之，各行各业的制造商——工业生物技术、药物、汽车、电子或其他物质产品——都依靠机器人自动化和 3D 打印来保持竞争力。

用打印机建房不止快、便宜，还环保。国外曾有一家公司通过 3D 打印，让房子的建筑成本降下来了。3D 打印的房子由水泥建成，打印机所使用的建筑材料为混凝土和纤维，需要用大型 3D 机器人花 1 天时间打印，而房子的成本只要 1 万美元，据说能抗 8 级地震。

相较于普通的建筑工程，3D 打印机能耗更低，也不产生建筑垃圾，可以节约高达 70% 的框架建设成本。在中国北京也曾用 3D 打印技术打印过一栋别墅。

对于大多数传统制造业企业来说，3D 打印的意义则更多体现在优化研发流程、降低研发成本上。在 3D 打印领域，一些公司正在着手开发商业化复杂的材料。MarkForged 等公司采用碳纤维复合材料，其他像 BMF 这样的公司正在开发具有罕见纳米结构和奇特物理特性的复合材料。

在欧洲宇航局提出的月球村项目中，月球环境恶劣，在上面长期作业肯定不行，于是科学家们在思考更加快捷有效的方法，用 3D 打印一个月球村。据英国报道，他们计划在最短 15 年时间内，在月球上打造出一个 3D 打印的“月球村”。

第二节　各种创新型的汽车

汽车这种交通工具因为高科技的作用，创新最多。无人驾驶汽车、多功能汽车、变形汽车纷纷走入普通人的视野。尤其是无人驾驶汽车，仿佛全世界都在进行无人驾驶汽车的大试验。

目前对无人驾驶的基本共识是 2020 年可以实现无人驾驶汽车的量产。百度公司表示，希望能够把这个时间表再提前一些。因为百度计划在 2018 年 7 月底，与金龙汽车合作率先实现无人驾驶小巴车的小规模量产及试运营，并在 2019 年与江淮、北汽，2020 年与奇瑞共同推出无人驾驶汽车。

除了无人驾驶，未来汽车可以在行驶与飞行间切换。荷兰制造商Pal - V 推出的一款“可以飞行的汽车”，目前正在进行最后的安全测试。它已从美国联邦航空管理局和欧洲航空安全局取得飞行许可，并且可以满足标准道路安全行驶的需求。作为全球“首个”商业化飞行汽车，Pal - V Liberty 配有两台独立发动机，可以在陆地模式和飞行模式间自由切换。在飞行模式下，速度可达 180 千米/小时，最大续航时间约 4 小时，最远可连续飞行 500 千米。只要放开螺旋桨和尾桨，Pal - V Liberty 就能从一辆汽车变身成一架飞机，整个变身过程只需 10 分钟。

由于同时兼具飞机和汽车的特征，这款飞行汽车可以停放在普通车库里，节省了使用机库的昂贵费用。2018 年，飞行汽车正在加速走进现实。如美国波音航空公司表示，飞行出租车或在十年内投入运营。美国科技巨头 Alphabet 投资的 Kitty Hawk 宣布该公司开发的飞行汽车将在五年内正式发布。中国企业也同样参与到了飞行汽车的市场竞争中。中国汽车企业吉利集团表示，垂直起降的吉利飞行汽车量产时间提前到 2023 年。

除了飞行汽车外，正在研发的未来科技汽车真的可以像《变形金刚》中的大黄蜂一样变形。随着汽车产业日趋成熟，实现了年轻人对未来汽车的幻想。日本的一家汽车企业以动漫形象“高达”为灵感，研发了一款可变形的折叠式电动汽车，并将其命名为“地球 - 1”。这款未来风格的电动车最大的特点并非可充电，而是会变形，或许在不久的将来，它可以有效缓解城市停车空间紧张的难题。

汽车互联、新型材料、智能控制、飞行汽车、等等，全球的汽车制造商们在创新方面仍然不遗余力，我们相信，未来的汽车形态将更加精彩。

第三节　飞行列车

中国高铁是“新四大发明”之一，能实现飞速发展，主要原因是管理创新和技术创新。在管理创新方面，创建了标准化管理的模式、动态验车的方式，也创建了项目整体质量管理体系；在技术创新方面，中国高铁重点是把自身非自主化的部分实现自主化，并把自身先进的部分保持住。

未来，中国高铁将关注和研制超级高铁，要研发高速磁悬浮列车、真空管道飞行列车等。飞行列车究竟有多快？中国航天科工集团正在开展“高速飞行列车”的研究论证，拟通过商业化、市场化模式，将超音速飞行技术与轨道交通技术相结合。研制的新一代交通工具，利用超导磁悬浮技术和真空管道，致力于实现超音速的“近地飞行”。“高速飞行列车”最高速度可达4000千米/小时，比正在研发的时速600千米的磁悬浮列车快近七倍。

如此快速的飞行列车，意味着革命性的生活方式的到来。对普通人来说，意味着交通效率更高、交流更加密切、“地球村”梦想更加接近现实；而对于国家来说，它或许将成为一系列重大科技的突破口，无论是材料、建筑设计、航空和应用物理，还是军事、城市设计、交通规划等，带来的每一项成果，都有无穷发展空间。

所谓的“高速飞行列车”，原理即是利用真空管道和超导磁悬浮技术，实现超音速的“近地飞行”，被誉为人类未来的“第五种交通方式”。而实际上，中国早在2000年前后就已引入真空管道磁悬浮概念，近20年的时间内，外界对其却关注甚少，目前，在全球范围内，研究真空管道磁浮交通的国家有瑞士、美国和中国。

目前，超导磁悬浮领域的时速纪录在日本。日本采用低温超导磁浮技术，载人速度可达时速603千米，这一技术业已成熟。2014年，日本开工建设世界首条最高时速达505千米的超导磁悬浮高速铁路，预期2027年建成通车。

美国企业家马斯克被称为现实版的“钢铁侠”，他在2013年发布了一份白皮书，提出“超级高铁”概念，称旧金山到洛杉矶的超级高铁列车能达到最高时速1200千米，造价仅为60亿~100亿美元，是加州高铁项目的1/10，但这一成本被业内普遍认为太低。马斯克之前在商界一系列令人眼花缭乱的成功，总会说他的成就，绝大部分归功于他的母亲——梅耶·马斯克。比起儿子，这位妈妈的人生更为传奇，这位有着冒险家精神的女子，对马斯克的每一次创新都无比支持。

更高的轨道时速诞生在美国。在2003年，美国曾进行超音速轨道列车实验，在霍洛曼空军基地，研究团队将火箭和轨道车结合，实现了轨道滑车以8.5倍音速行驶的速度，即时速10430千米，这是目前陆地有轨车辆速度的极限纪录。虽然只是为追求极限速度制造的实验车，与大规模投入商业运作的列车有天壤之别，但它的出现，意味着陆地轨道车辆超音速行驶是可以实现的。

第四节　人工智能：从奴仆到主人

人工智能曾经是无数人的梦想，从研发到落地经历了近30年。现代意义上的人工智能，始于古典哲学家用机械符号处理的观点解释人类思考过程的尝试。今天的人工智能，已发展到大规模商用的前夜，人工智能在商业变现方面最可能出现的突破点在于：一是刷脸，即人脸图像识别。二是自然语言理解技术，如人机的对话、机器翻译、家庭助手。三是机器人技术。尤其是在一些危险的场合、人不适合去的场合。例如无人驾驶汽车就是一种特定的机器人。四是和其他技术相结合的智慧城市方面。

以上四方面还在于民用，其实人工智能在军事上的应用也非常广泛且深入，比如在处理海量数据上，人工智能就全面碾压人类。

在我们的头顶之上，各种间谍卫星每天都围着地球疯狂拍下数十 TB 的照片，每个情报机构都有一批训练有素的分析师，负责搜寻隐藏在海量卫星图像中未申报的核设施或秘密军事基地。但面对如此海量的数据，人类分析员能处理的图像数量有限，很可能错失真正重要的关键信息。于是，人工智能登场。

在美国，研究人员设计出一个深度学习算法，用以识别某国地空导弹基地。这些算法比人类的速度快几百倍，能高效找出分布在一块近 9 万平方千米区域内的地空导弹发射场。这种人工神经网络基于能够过滤和学习大量数据的人工神经元层，达到了人类图像分析专家 90% 的准确率。令人震惊的是，这种方法还将发现潜在导弹基地的时间，从 60 小时（2. 5 天）减少到 42 分钟，这只是公开的人工智能研究。利用人工智能，用算法发现潜在的导弹基地位置，为人类节省了很多时间。

随着人类的生活越来越数字化、联系越来越紧密，信息也变得越来越密集，人工智能变成我们与世界沟通的桥梁。长远看，教育和自我提高将是人工智能最强的应用场景——这种情况会在动态变化中实现，这些变化几乎完全反映了试图控制你的恶意人工智能在内容推送中的运用。在帮助人类方面，算法存在巨大的潜力，能够赋予个人更多能力，并帮助社会更好地自我管理。未来人工智能将成为我们与世界的接口，这是一个由数字信息组成的世界——这同样会让个人有可能更好地管理自己的生活，当然也有可能完全丧失这个权利。

人工智能的高速发展，让人类担心这种新技术会伤害我们。一个足够先进的人工智能算法，可以通过对我们精神状态的感知，以及受精神状态支配的行动的了解，高效地控制我们的信念和行为，未来人工智能可能会拥有自己的机构，变成超人，把人类摧毁或奴役。

不管如何，人工智能时代我们仍然需要开放和创新的精神，去完成各个领域的逆袭。

第五节 可以充电的高速公路

2017 年 12 月 28 日，世界首条可以充电的高速公路在中国济南通车。这条“太阳能公路”试验段全长 1120 米，其中光伏路面铺设长度 1080 米，净总面积为 5875 平方米。这条公路上铺设了主行车道和应急车道，预计年发电量约 100 万千瓦时，年减排二氧化碳达到 1550 万吨。此前，德国西门子公司的研究团队一直在美国洛杉矶市中心和长滩港之间探索建造一条电子高速公路，让电动卡车在路上边走边充电。

中国济南的这条可以充电的高速公路，主要应用的创新科技如下。

第一，晒晒太阳就能发电。这条高速公路的秘密武器在于最上面一层是类似毛玻璃的半透明新型材料，这种材料摩擦系数较高，既可保证轮胎不打滑，还拥有较好透光率。阳光穿过时，路面下的太阳能电池将把光能转换成电能。

第二，公路变成“充电宝”。这条高速公路的路面下预留了电磁感应线圈，与电动汽车无线技术配套使用，可实现电动汽车在行驶过程中充电，解决了电动汽车在行驶过程中的充电难题。

第三，可以融化路面积雪。这条高速公路还能将光能转化为热能，消去道路冰雪，保障出行安全。

这条可以充电的高速公路，将中国传统光伏行业面临的两大发展瓶颈突破了，还解决了电动汽车充电桩的问题。我们说，光伏行业的两大瓶颈，一是土地资源，二是输电成本。光伏路面技术利用了高速公路路面空间资源，不额外占用土地，还缩短了输电距离。一个设计，解决了中国光伏行业发展过程当中用地难、输电难的瓶颈。同时，直接满足公路照明、监控设施等用电需求，实现公路电气化，降低输电成本。

这种建造方式的未来发展前景是非常广阔的。光伏路面是未来电动汽车移动充电的最佳载体，具有平整、抗滑、发电、耐久的特征。电动汽车不仅能在上面行驶，还可享用绿色能源，实现交通、能源、减排的整合。

这条高速公路是中国拥有自主知识产权的世界首条承载式光伏路面示范区，以此为模板，能建设成全电气化的“超级公路”，探索移动充电、智慧引导、路车联动、无人驾驶等技术的融合发展，有关专家预测，超级公路上的无人驾驶汽车，时速将能到 200 ~ 300 千米。

这种创新方式的发展前景，可以从三个方向来想象。

第一，自用及并网发电。既可解决高速公路沿线服务区、隧道等用电需求，降低高速公路运营成本，也可满足公路沿线企业居民用电需求，“路通到哪里就把光明带到哪里”。

第二，电动汽车无线供电。未来利用光伏路面的沿线电力供应和无线充电技术，电动汽车能在太阳能公路上“共享”绿色能源。

第三，自动驾驶引导服务。从长远来看，光伏路面的电力支持和内建信息网络，能实现车路信息交互和能量交互，建立起智能交通系统，引导汽车自动驾驶。

通过持续的科技创新，光伏高速公路应用场景将不断拓展，建设成本不断降低，未来在资本市场上也能获得很大的收益。

第六节　时空变形

引力波研究可比肩美国“阿波罗探月计划”，是太空、外太空研究的制高点，从理论上讲，引力波可以让时空产生永久的变形，即所谓的引力波记忆。

2015 年，LIGO（激光干涉引力波天文台）的科学家宣布探测到了引力波，终于找到了爱因斯坦广义相对论预言中的最后一块拼图，这件事轰动一时。据介绍，这个引力波信号来自大约 13 亿光年外的两个黑洞碰撞，这无疑是一次具有里程碑意义的重大发现，让人看到了引力波到来的曙光。

爱因斯坦在 1916 年预言了引力波的存在。他认为，宇宙中大质量物体的快速移动或相撞等极端事件可能引发时空的波动，并以光速向外传播，就好比向水中扔一块石头，在水面荡起阵阵涟漪。于是，引力波又被形象地称为时空的涟漪。

在爱因斯坦的相对论中，宇宙就像一块弹性的膜，宇宙天体对宇宙空间有一定的挤压力，于是时空会发生变化。时空是扭曲的，地球内部的时空与地球外的时空是不同的，由于地球重力的缘故，地球外太空的时空膜是扭曲的。太阳系最大的天体是太阳，因此它对时空膜的扭曲力度更加强大，扭曲所形成的方向，带动着太阳系的行星按着固定的轨迹运动。

LIGO 科学家对引力波的发现，验证了爱因斯坦关于时空扭曲的猜测，这花费了 10 亿美元，实验历时 40 多年的研究，对于人类探索宇宙、发现宇宙深处的天体有着重大的意义。还能通过研究宇宙奇异物体在时空中留下的引力波记忆，将一些神秘现象从猜想变为可观测的科学，从而揭开宇宙更深层次的奥秘。

引力波被证实后，相关引力波探测的设备也被制造出来，通过引力波探测器，人类还在宇宙中发现了很多的行星，此外，科学家根据爱因斯坦相对论，更是提出了曲速引擎这种超光速航行的大胆设想，既然相对论认为时空是变形的，那么就可利用这种时空变形在宇宙中快速航行，这就是曲速引擎的理论依据。在曲速引擎技术中，飞船是相对静止不动的，运动的是时空，时空带动着飞船进行超光速飞行。

引力波研究中国必须有一席之地。我国目前唯一的引力波实验研究基地——华中科技大学引力中心，已走过 30 多年历程，被国际同行赞为“世界引力中心”，在这一国际科学领域，中国没有缺位。与 LIGO 科学家探测高频段引力波不同，中国引力波研究基地探测低频段引力波，LIGO 探测的是短时间的引力波，中国探测的是连续的引力波，可以持续验证。高低不同的频段是不同的窗口，并没有先进落后之分，如同推开不同的窗，看到不同的风景，不同频段的引力波探测将看到宇宙不同的物理现象和物理进程。

中国引力波探测计划——天琴计划早已启动，边建设边积累，已经做了20多年的技术储备。它不仅仅是基础研究，天琴计划发展起来的关键技术可用于很多领域，带来一系列关键技术突破，如精确测量地球重力场、水资源和矿产资源的分布和变化等。

第七节　生物技术：人可以长生不老

“长生不老”是人类的终极梦想。寻仙丹、制仙药、求神祭天、修建金字塔，这都是我们耳熟能详的故事。几千年来，人们一直怀着强烈的希望和信念，寻求摆脱或者超越死亡的方法，在长生不老的梦想里，干细胞技术是我们首先需要关注的技术。

在目前的生物技术中，干细胞颠覆了很多的理论体系，也突破了很多疾病的治疗瓶颈，干细胞技术使以前的不治之症有了治愈的希望。

干细胞是一种从正常组织中提取的细胞，是非常原始的细胞，具有旺盛的分裂能力和跨界分化能力，而且其免疫排斥反应非常弱，因此对于修复医学、再生医学、抗衰老医学具有极其广阔的临床价值。

从生长发育阶段来分类，干细胞分为胚胎干细胞和成体干细胞。前者是母体内的干细胞，后者是生育后的干细胞。从供体和受体来分类，自己身上采集的干细胞用于自己，称为自体干细胞，否则称为异体干细胞。干细胞还可以从分化能力、组织来源等进行分类。

干细胞的优势在于有旺盛的分裂能力，可以修复受损和老化的组织，并且由于干细胞具有卓越的分化能力，因此，可以用一种干细胞治疗多种组织来源的疾病。除此之外，干细胞具有微弱的抗原性，可以在不应用抗排异药物的情况下，进行异体干细胞移植，既安全又高效。

干细胞的用途非常广，可以治疗不能再生的细胞发生的疾病（如脑外伤、脑萎缩、脊髓损伤、心脏病等）、生殖细胞衰老引起的性功能障碍、慢性退行性变疾病（如肝硬化、肾萎缩、颈肩腰腿痛）等。

干细胞技术能够取代器官移植，大幅度延长青春期，尤其在使人长寿方面，更是显示出了巨大优势。

应该说，生存环境的稳定、生活水平的提高以及医疗条件的改善，已经大大提高了人类的寿命。有科学家预测，未来人类的平均寿命可以达到120岁。这些年来，除了干细胞技术外，已经通过动物实验被证明有效的关于延长寿命、抵抗衰老的科学实验，还包括注入年轻血液、端粒酶、NAD+（酰胺腺嘌呤二核苷酸氧化剂形态）、干细胞修复、二甲双胍等。除了自然衰老外，重大疾病也是影响人类寿命的另一要素。世界卫生组织发布的数据显示，冠心病是2015年全球排名第一位的死亡原因，而年纪大的人是这一疾病的高发人群。

诺贝尔化学奖得主阿龙·切哈诺沃指出，个性化医疗是医学的未来。个性化医疗所带来的“第三次药物革命”已经来临，这将帮助人们延长寿命。

个性化医疗也就是精准医疗，是指以个人基因组信息为基础，结合蛋白质组、代谢组等相关内环境信息，精确寻找疾病的原因和治疗的靶点，为病人量身定制出最佳治疗方案的定制医疗模式。简单说，就是将过去的对症下药变成“对基因下药”。精准医学的发展不仅将对人的健康和寿命产生影响，还会引起整个产业的变革。

精准医学会使医疗健康的概念发生本质变化，医疗健康体系将从以诊断治疗为主，转变到以健康保健为主。随着精准医学的发展，人类可以通过对大数据的分析，在一个人没病的时候，了解他的健康状况，预测他未来健康的发展。这种情况下，医疗健康所面对的就不再是病人，而是全民，这将是一个面向所有人的市场。

医学领域的进步只能在有限程度上延长人的寿命，一些科技精英追求的数字化的永生则能真正实现“长生不老”。Google 工程总监库兹韦尔曾在“2045 未来世界大会”上预言，虽然人类尚未实现永生，但科技的快速发展使这一梦想与现实的距离越来越近。

数字化的永生是通过人机交互或者脑机接口等技术，把人类的意识上传至计算机端，短期内可以增强人类的认知能力。从长期来看，这种方法可以实现一种“数字化的永生”。至于人类的肢体，最终可能将和机械、云端相融合，甚至被后者完全取代。获得雨果奖的科幻作家刘慈欣写过一篇文章《永生的阶梯》，文章末尾说：“我们看到永生技术绝不像我们初看一眼时那么单纯，从社会学角度看，一个永生的世界充满着我们现在难以想象的东西。”

其实人类永生伴随而来的道德伦理问题才是社会所面临的真正挑战。

第八节　冷冻技术：移民未来

想要长生不老吗？还是旅行到未来的一段时间？现在，科学家在低温冷冻方面有所突破，或许人类离这个梦想更近了一步。人们开始向专业公司寻求冷冻自我，从而顺利“移民”到未来。不少得了绝症的人也被冷冻，他们期待在未来医术进步后再度复活。

人体低温冷冻技术最明显的用途是太空旅行。宇宙广阔，不管去哪都会耗费大量时间，更别提还需要维持人体新陈代谢的能量了。所以，最好的方法就是把宇航员冰冻起来，进入深度睡眠，也就是保留身体和大脑的一小部分活动，相当于处于暂停状态，目前科学家已经成功为个别细胞做到了这一点。

随着科学技术的发展，越来越多的人希望通过人体低温保存技术得以“永生”。患有现代医学无法医治疾病的人希望通过在低温下保存自己的身体，在未来医学发达的时候能够成功复温并使自己的疾病得到治疗，再次获得生命。1967 年，美国心理学家贝德福德成为世界上第一个被低温保存的人；2015 年我国作家杜虹在美国 Alcor 生命延续基金会通过低温保存了大脑，是首例我国公民接受低温保存的案例。

从美国法律上讲，人体冷冻保存是合法的，它像某种奢侈的葬礼。全美最大的运营中的人体冷冻保存服务企业 Alcor，应客户要求，还可以冷冻宠物。

目前实际中的人体冷冻一般是对当今医学技术无法救治的病人进行超低温处理，将其冷冻几十年甚至百余年，直到未来医疗技术可以将其治愈。由于人体冷冻处理对时效性非常敏感，心脏停止后时间拖得越久，细胞损伤就越大。工作人员要在医生宣布病人在法律意义上死亡后的 2 ~ 15 分钟内开始对病人（以示尊重）进行“急救”。

根据美国 Alcor 生命延续基金会的人体低温保存方案，在理想情况下，当人体心脏停止跳动后，等候的工作人员迅速利用生命支持技术来维持其脑活力。这些生命支持技术包括将人体置于冰水浴中的同时，人工恢复其血液循环和呼吸，为大脑提供氧合血的同时增强冷却；通过静脉注射施用包括自由基抑制剂、抗凝血药、升压药等保护性药物以保持血压，改善循环，抑制血液凝固并保护大脑；当体温降低到接近水的冰点时，进行冷冻保护剂灌注。

最后，在 1 个小时内，迅速把冷冻保护剂的浓度增加到目标浓度。灌注冷冻保护剂后，系统在计算机控制下，将人体在 3 个小时内冷却至 -124℃，以避免冰晶的形成。在接下来的两周内，人体被进一步冷却到 -196℃，并被转移到液氮中进行长期保存。

人体冷冻如果是冷冻全身，那么大脑则是冷冻的重中之重，由于冷冻库底部的温度最低，因此一般放在容器里的病人是头朝下脚朝上颠倒放置着，即使发生无法制冷的特殊情况，头部受保护的时间也是最长的。

虽然在科幻作品中常常出现活人冰冻的画面，如科幻小说《三体》里也靠这种办法“拯救未来”。但对于人体冷冻，至今有很多难题未解，但是随着技术的发展，也许在将来人体冷冻会越来越普遍。

除了技术之外的问题，伦理上的争议也从来没停过。很多人认为，假如人体冷冻技术最终被证明可行，当被冷冻的人复活，他们将要面对一个极其陌生的环境，甚至还需要作为陌生人重建生活。

第九节　外太空旅游

只有航天员才能上太空？普通人有没有机会也来一次“太空旅游”？随着中国航天技术的进步，商业航天进入起飞阶段，商业发射、空间信息应用服务等日益增多，亚轨道飞行体验在不久的将来可能会变成现实。

商业航天，是以市场为主导、具有商业盈利模式的航天活动。据美国航天基金会发布的《航天报告》显示，2015 年全球航天经济总量达 3353 亿美元，其中商业航天占 76%。近年来，国际商业航天发展迅猛，在空间运输、卫星遥感等方面商业化进展显著，涌现了一批有代表性的商业航天公司，带来了全新的思维方式。在美国，商业航天发展使航天成本大大降低。

在我国，中国长征火箭有限公司也宣布成立，将打造商业发射服务、亚轨道飞行体验、空间资源利用三大业务板块。未来的太空旅游可分为“三步走”，第一步是临近空间旅游，主要依托飞艇等飞行器；第二步是开展亚轨道旅游业务，即在距地球 35 ~ 300 千米的高空飞行；第三步是真正意义上的太空旅游。之前中国快舟一号、快舟二号的发射任务试验，多项关键技术已攻克，相信在不久的未来，太空旅游有望实现。

在美国，2018 年据国外媒体报道称，亚马逊 CEO 杰夫 · 贝索斯旗下的一家商业太空公司——蓝色起源，计划在 2018 年内将游客送入太空。这或许意味着这家由贝索斯领航的太空公司终于将进入自己商业化的新阶段。蓝色起源的目标是压低太空旅行的成本，并提高技术的安全性，创建一个人类可以亲自探索太阳系的未来。它们计划通过自己研发的火箭来完成整个载人飞行，这种火箭能够重复回收利用，从而大大降低火箭的太空发射成本，让普通人的太空旅行成为可能。

蓝色起源的火箭一旦将乘客舱送达太空，乘客就可以从座位上解开绑带，享受大约 4 分钟的失重体验。乘客舱配有扶手并且墙壁柔软，以确保当乘客失重在舱内无规律漂浮时，不会受到伤害。蓝色起源能提供的太空旅行总耗时约为 41 分钟。由于整个旅途实在太短，因此可能根本不会引起呕吐的发生，首次飞行的飞船中也不会提供盥洗室和呕吐袋。

贝索斯曾在第 33 届“太空研讨会”上发言，阐述了自己对蓝色起源以及整个太空旅游的未来发展战略。他当时宣称，蓝色起源计划在 2018 年让亚轨道航天器全面投入使用，同时做好商业太空旅游的准备。

蓝色起源在太空探索的道路上始终绕不过美国企业家马斯克的 SpaceX（美国太空探索技术公司）。SpaceX 曾将一辆特斯拉跑车通过火箭发射到太空中，虽然特斯拉跑车上的电池只能支持 12 小时左右，随后将消失在茫茫宇宙之中，但马斯克认为：“这辆车将会在宇宙中飞行超过 10 亿年。”。

不管是炒作还是情怀，特斯拉跑车的上天或许是人类即将重启太空时代的一个标志，马斯克给了人们足够美好的回忆，这个瞬间将成为全人类的永恒记忆。“钢铁侠”马斯克对无垠的宇宙充满了好奇和敬畏，他要用最大的商业力量开拓一条路，导向人类未来的福祉。马斯克舍弃小我冠之以“人类制造”，他把人类文明的火种传到无垠的宇宙。

从技术角度来看，相比 SpaceX 要完成的环月之旅，蓝色起源更倾向于把用户带到大约 101 千米高度的太空边缘，让普通人体验一把失重的感觉。

火箭、卫星、飞行器等航天产品为人类探索太空而生，可以被称作是“硬科技”的集合体，正因如此，这类航天产品通常都耗资巨大，当人类通过高科技与商业的智慧将成本降下来后，太空旅游将走近每一位普通人。

第十节　三维全息虚拟技术大规模商用

数码世界是二维的，人们通过屏幕来获得平面化的信息。但这种体验是不够的，毕竟人类生活在一个三维世界。那么，什么技术能够让传统的计算机空间由二维变成三维？这就是全息技术。未来，三维全息虚拟技术将大规模商用，全息虚拟技术可以让用户不借助任何设备，就能看到逼真的虚拟图像，甚至可以操作。

在三维全息虚拟技术之前，虚拟现实技术主要以 VR 为代表。如今，各个企业都在积极布局 VR 产业链。

20 世纪七八十年代是整个虚拟技术理论和概念形成的时期，组成虚拟头盔的各种组件在技术上已经十分成熟。到了 20 世纪 90 年代，虚拟技术的理论已经非常成熟，但对应的 VR 头盔依旧是概念性的产品。虚拟技术高峰的来临，始于 2012 年。众筹网站 Kickstarter 开启了名为 Oculus 的 VR 设备的众筹计划，目标是给大众带来宽视角、低延迟且低成本的沉浸式虚拟体验设备，最终该计划大获成功，到 2014 年，Oculus 更是以 20 亿美元的价格被 Facebook 收购，彻底引爆了用户对虚拟现实的关注。

当 VR 技术的热情被引爆之后，国内外的软硬件厂商纷纷布局 VR 领域，虚拟技术本身的创新发展也已经不再局限于 VR，出现了 VR 以外的 AR、MR（混合虚拟现实）技术。AR 技术名为增强现实技术，它将真实世界的信息和虚拟世界的信息无缝显示在同一空间中，且使两种信息产生奇妙的交互，使得人们可以真实感知。这与提供沉浸式体验的 VR 技术具有明显不同，其硬件设备以谷歌眼镜为代表。后来微软发布了 Hololens 头盔，虽然 Hololens 头盔具有与 AR 一样的真实和虚拟信息显示功能，但是 Hololens 并不是一款 AR 设备，因为它不只是增强了现实，用户还可以戴着它进行摩托车设计，戴着它在客厅玩游戏，客厅就是游戏的地图，虚拟元素以 3D 的方式显示，这就是 MR。

AR 设备创造的虚拟物体，是可以明显看出是虚拟的，真假很容易分辨；而 MR 设备直接向视网膜投射整个四维光场，所以用户看到的物体和看真实的物体是没有什么区别的。MR 设备带来的是一个混沌的世界，它将物理世界实时并且彻底地比特化，同时又包含了 VR 和 AR 设备的功能，从理论上来说，MR 技术更有想象空间。

有了这些技术，人们可以通过 VR、AR 技术进行远程交流、网络购物。

MR 并不是裸眼全息，同样需要头戴一个显示器。未来的全息技术则与以上技术完全不同，这种技术可以让用户不借助任何设备看到逼真的虚拟图像，甚至可以操作。全息技术在虚拟购物、旅行、教育、游戏等领域，拥有比虚拟现实更好的使用体验。它的终极形式完全不需佩戴任何设备。从这个角度来说，全息技术是虚拟现实的终极进化版本，将数字技术完全三维化，技术实现后，将在远程医疗、文化等领域获得大规模应用。

第十一节 量子计算机

2017 年，量子计算取得了一系列显著进步，为人们未来获得超越摩尔定律的更高更强计算能力，为人工智能的发展奠定了重要基础。量子计算的重大突破在于美国的 IBM 成功开发出了世界首台 50 位量子比特的原型机，并把相干时间从之前的 50 微秒提升到目前的 90 微秒。量子比特越多，处理能力越强；相干时间越长，量子计算机越稳定、越成熟。50 个量子比特是一个极为关键的门槛，跨越这个门槛，就能实现“量子霸权”。

量子计算机有多可怕？一秒破译全世界所有密码！在经典计算机里，存储的信息单位是比特，比特使用二进制，也就是说一个比特表示的不是“0”就是“1”。但是，在量子计算机里，情况会变得完全不同，量子计算机的信息单位是量子比特，量子比特可以表示“0”，也可以表示“1”，甚至还可以是“1”和“0”的叠加状态，即同时等于“0”和“1”，而这种状态在被观察时，会坍塌成为“0”或是“1”，也就变成了确定的值，其实也就和经典量子理论“薛定谔的猫”是一个道理。除此之外，无论这两个量子比特离得多远，这两个量子比特都可以共享量子态，也就是所谓的

“量子纠缠”。

量子比特的这种特性会带来什么好处呢？理论上，两个量子比特的量子计算机每一步可以做到2的2次方，也就是4次运算，所以说，50量子比特的运算速度（2的50次方=11.25亿亿次）将秒杀超级计算机（目前世界上的超级计算机是神威·太湖之光，运算速度是每秒9.3亿亿次），所以量子计算机能一秒钟破译全世界所有密码。

量子计算之所以能达到如此神速，就是因为量子比特的叠加状态和量子纠缠，但与此同时，量子叠加和纠缠状态是极度脆弱的，不能受到一丁点干扰，量子计算机必须在极度低温条件下工作，稍有干扰，结果就会混乱。因为量子比特的不稳定性，量子计算的精度也存在问题，保真度不高。保真度指的是存取几次以后，信息丢失的程度。这些都是量子计算机研发过程中的瓶颈。在某些特殊领域里，量子计算机有传统计算机所不具有的能力，比如在化学和材料学里模拟分子结构和密码学、机器学习等领域。

目前，在量子计算机的研发竞争中，美国的IBM能研制出50量子比特原型机，中国的科学家团队通过高精度脉冲控制和全局纠缠操作，能研发出10比特超导量子线路样品，成功实现了超导量子比特的多体纯纠缠，并通过层析测量方法完整地刻画了10比特量子态。

澳大利亚与荷兰科学研究人员重新构思常用的“硅”微处理器，设计出全球首款硅量子计算机芯片，该芯片可通过最标准的工艺和元件进行制造。而德国与美国物理学家开发出了一种基于硅双量子位系统的稳定的量子门，即量子计算机的基本切换系统。瑞典和奥地利物理学家研制出了单量子比特里德伯门，这是囚禁里德伯量子计算机的首个基本元件。这种新型量子计算不受频谱拥挤问题影响，可能会成为更强的量子计算机。另外，日本推出首台量子计算原型机，主要利用光的特性来实现高速计算。

全新一代的计算芯片产业全面崛起，在争夺量子霸权的路上，科技巨头激烈厮杀，谷歌、英特尔、IBM等科技巨头纷纷进军这一领域。量子计算机的发展历程不能缺少创新中国的身影。

第十二节　天空母舰

人类活动的空间和人类的科技水平是成正比的。从陆地到海洋，再到外层空间和整个宇宙，人类通过科技创新对这些空间进行逐一探索，这种探索首先体现在军事层面。

对未来的战争来说，空中和太空的军事优势尤为重要。给航空母舰装上飞行装置，使其能够以航空母舰的形式在天空中飞行，这就是天空母舰的基本形态。在不久的将来，这一领域会成为各大国家军事竞争的领域。

未来的天空霸主是天空母舰，据外媒报道，美军将计划在2040年装备这样的天空母舰，并在十年内建成3个编队。一艘天空母舰几乎可以装备所有的武器，真正实现了远距离的战争投放兵力，极大地缩减了战争距离。不止美国、俄罗斯，欧盟也将这个列为未来军事的研究方向。外层空间的军事价值已引起各国的充分重视，美国宣布成立太空军，这支太空军将成为美国的第六支武装力量。中国在这一领域也在奋起直追，努力建设自己的太空力量。

天空母舰的技术正在走向成熟。天空母舰的战场不是太空、不是宇宙，而是天空。天空母舰的战斗力与航空母舰较为类似，它自身的空载能力越强，就能携带越多的空射无人机，而空射无人机自身的攻击力，则决定了天空母舰的攻击力。

未来的天空母舰的作战形式之一，是以大型运输机为基本搭载平台，一次性搭载上百架小型无人机。在歼击机编队护航的情况下，保护大型运输机抵达前线战场，直接释放大量的无人机，这有点像舰载机在航空母舰上的弹射起飞。只是一个是有人舰载机，一个是无人空载机。

这种作战方式涉及两个关键点：一是大量的无人机如何做到互不干扰，协同作战？二是怎样增强小型无人机的攻击力？这两个技术节点，目前都在攻坚中。

关于无人机集群式协同作战技术，中国占据着领先地位。在珠海航展上，中国就向全世界展示过 119 架无人机协同飞行、分组式执行多种任务的技术成果。而美国也释放过 103 架微型无人机机群，但美国采取的是空中释放，派遣三架喷气式战斗机，同时释放了 103 架无人机，组成了庞大的机群，能够执行集群式的协同攻击，天空母舰的雏形已经在美军中得到验证。

在朱日和训练基地举行的中国人民解放军建军 90 周年阅兵式上，中国曾展示了一种反辐射无人机，体型非常小，但具有十分强大的攻击力，而且能够采用自杀性攻击，直接对目标进行摧毁。反辐射无人机能有效避开敌军的雷达系统，加之灵巧的体型，突防能力超强。如果这种反辐射无人机大量搭载到运输机上，投放上千架到前线战场，进行战术性的协同作战，那对敌人来说，攻击性是非常强的。

天空母舰作为飞行版的航空母舰，终极的形式可能是空天母舰，能在大气层内外飞行，是绕地球跨大气层的空间作战平台，是以外层空间基地为基础的太空舰队，能从天空对地球进行打击。我们可以将浩瀚无边的太空想象成一望无垠的大海，而空天母舰则载着一体化的太空飞机，征战宇宙。也许在未来，航天技术足够成熟，一两支空天母舰战斗群就能征服一个星球了，目前这种技术还没有哪个国家可以达到。

未来的天空武器令人叹为观止，天空母舰或空天母舰对中国国家安全威胁巨大，中国未来要打造全球顶尖的天空母舰，就需要研制更高形式的运输机、空射无人机等，建造高科技的天空母舰平台。

第十三节　智能城市与月球村

人类的繁衍定居产生了城市，在城市中，居民、道路、建筑越来越多，但在计算机和大数据、AI 技术到来后，人类有了新办法，给城市安装智能，让城市成为智能城市。除此之外，人类还尝试利用高科技，在月球上建立新型城市——月球村。

数字技术让智能城市成为可能，未来的城市将是“智能”的，或者说是设计巧妙、干净、公平、绿色、可持续、安全、健康、有弹性的。

用数学和运算的方式来推断城市走向，给城市发展提供依据，并不是近几年才发生的事情。城市的智能计算出现也较早。发展至2008年，主攻IT企业服务的IBM，突然将橄榄枝伸向了城市政府与管理者，提出著名的智慧星球计划，想建立一个数据可视型城市。

IBM强调，城市基础建设不应该离开数据建设，通过数据来重新认识城市，能够避免管理混乱和资源浪费，从而帮助城市良性发展。在全球经济危机背景下，强调绿色与高效的智慧星球计划快速升温。在这之后，IBM在巴西、加拿大等国家先后推出了类似项目，微软也推出了类似的计划，命名为“城市计算”。

这种收集城市数据进行存档和可视化的技术，在2010年之后开始在中国生根发芽，中国通信三大运营商以及联想、神州、腾讯等企业都在为各地方政府提供类似服务。作为大数据时代的经典解决方案之一，城市的数据可视化确实能够解决不少问题，如提供决策依据，寻找城市发展规律等。

但这一阶段收集到的数据大部分并没有实际用处，仅仅是“因为要数据，所以有数据”。毕竟一个城市每天真正生产的数据，用人工去读取一遍都不可能，更别说用人力来计算处理了。

为什么很多城市的“智慧”缺乏应用价值？原因在于智能设备没有办法对收集来的数据进行自动反馈和处理。于是城市这个庞然大物就只有感知，没有动作。人工智能登场后，变化开始了，人工智能技术带来的机器视觉、多模态传感技术，以及通过算法进行的反馈计算，正在让情况好转。比如说道路上的红绿灯和摄像头，假如只是让摄像头拍照和监控，那么城市本身的体验并不会提高，但如果摄像头记录的数据回传给系统，系统可以依据车流量主动调节红绿灯时间长短，那么城市交通效率显然就会提高。这种依据数据主动进行城市调节的技术，正在让城市智能从重数据向重应用方向改变。

智能城市正在真正开始发展，因为大数据的收集变得有用和可行。如滴滴进行的“AI+交通”计划，就是在交通场景中通过AI感知和计算能力来提高交通效率。再比如BAT纷纷布局的智慧机场项目，是根据对机场进出航班的数据监控，来智能调节停机坪和跑道使用情况，从而提高机场运作效率，提高乘客体验。

除了城市交通、城市电网外，整个城市都应该有统一的数据传输和处理中枢，它负责收集全城各个领域的数据，然后集中进行运算和分析，给出最佳解决方案。当智能城市发展到智慧大脑型城市后，城市就像一个超大硬件，大脑则让这个硬件变成了智能硬件。城市大脑类的技术，不只需要AI技术，而还需要用AI的感知方式加上大规模数据传输能力与运算，再反向生成城市智能的主动服务，从而让整体智能指挥各系统协同运作，达到管理者、机器智能、城市空间的结合。与此同时，AI技术的发展、城市数据的叠层累计，包括自动驾驶和无人设施，都在成为城市智能的助推器，城市智能的升级空间很大。

除了让地球上的城市变得智能外，高科技还让人类走出地球，尝试在月球上建立城市——月球村。欧洲航天局就宣布，拟于2030年建成“国际月球村”。根据计划，世界各国将共同参与，在资源十分丰富的月球上建设一个永久性基地，取名为“月球村”。月球村集合了多种用途，既可以用作太空探索，也能成为人类的活动场所。它集科考、商业和旅游为一体，能用作商业或采矿的中心，也可以被用作旅游，对全世界各个国家都开放。

在月球建立月球村，科学家们把位置锁定在月球的两极，原因之一是在月球两极发现了冰。在建设选材上，科学家们正在德国艾菲尔国家公园模拟月球的建造环境，这里的火山石与月球和火星上的石头成分相似，通过它们，可以进行建筑测试。月球环境不同于地球，随时可能遭遇宇宙辐射、陨石、极端天气等危险，为了克服这些困难，科学家们在试验，探索利用月球土壤 3D 打印人类住所的方法。

以月球为基地，利用月球上的水和其他资源建立基地，提供向更远的目标前进的一些物质准备，月球村的开发成为未来的目标。一切似乎万事俱备，只欠东风了，这个东风就是需要投入的大量人力和财力。建月球村如此宏伟的计划，光靠一两个国家不可能完成，因此，欧洲航天局邀请所有航天大国参与这项计划，中国也在邀请之列。

进入 21 世纪，全球科技创新进入空前密集活跃的时期，新一轮科技革命和产业变革正在重构全球创新版图、重塑全球经济结构。在这样的大背景下，毫无疑问，人才已是实现民族振兴、赢得国际竞争主动权的决定性战略资源。习近平总书记为科技人才指明了方向，谁拥有了一流创新人才、拥有了一流科学家，谁就能在科技创新中占据优势。

科学技术从来没有像今天这样深刻影响着国家前途和命运，从来没有像今天这样深刻影响着人民生活。新的科技形式还将源源不断地涌现，人类用高科技的创新，将人类的探索沿着时空两个方向不断推进。对于企业来说，一个公司能否在全球的竞争中胜出，取决于这个公司是否拥有强大的创新能力，是否占据技术的制高点。无论是电子产业的芯片，还是飞机发动机，还是简单的圆珠笔芯或高铁的螺丝，都是凭借先进的技术和精湛的工艺制作而成的。

一个领域制高点的技术往往不是靠人多或短期资本投入就可以快速获得的。当前，中国最需要的是形成一种创新的科研环境，吸引一批科学家，通过长期的创新和技术积累，占据技术的制高点，从而解决中国的问题。终身创新者会不停地前进，与中国一起攀登到高峰，国力与个人创新，缺一不可。习近平总书记 2018 年 5 月 28 日在两院院士大会上强调，中国要强盛、要复兴，就一定要大力发展科学技术，努力成为世界主要科学中心和创新高地。形势逼人，挑战逼人，使命逼人。我国广大科技工我要把握大势、抢占先机，直面问题、迎难而上，瞄准世界科技前沿，引领科技发展方向，肩负起历史赋予的重任，勇做新时代科技创新的排头兵，将中国努力建设成为世界科技强国。

创新驱动历史，创新改变中国。

后　记

新世纪的伟大创新——组织创新

创新是时代的主题，是一个企业、一个政府、一个国家实现全面、协调、可持续发展的前进动力。创新不是一个人的奇思妙想，真正的创新是一种组织行为。制度创新的主体是政府，军事创新的主体是军队，市场创新的主体是企业，在政府、军队和企业之外的新型的创新组织也在不断地出现，它们在加快科技创新的同时也在潜移默化地影响着人类的未来。

创新型组织是在政府、军队、企业之外的一种体制性创新的组织和平台，其组织、平台的创新能力和创新意识都是很强的，能够源源不断地进行技术创新、组织创新、管理创新等一系列创新活动。彼得·德鲁克在谈到创新型组织时说："创新型组织就是把创新精神制度化而创造出一种创新的习惯。"

在创新型组织中，创新不是某一部分成员的活动，而是整个组织中各个层次成员的共同活动。创新赋予资源创造财富的能力，使资源成为真正的资源。相对于掌握新知识、新技术而言，创新型组织更强调整合组织内资源，使创新成为组织的一种功能。

新世纪最伟大的创新之一就是组织创新，通过搭建平台，把先进的技术、人才、资本汇聚融合并与政府对接，从而推动社会的进步。政府和企业承担了有限的组织功能，对于人类未来的发展，还有一些营利性和非营利、跨部门和跨领域的一些新型组织，在发挥着不可小觑的作用。

比较有代表性的创新型组织和平台包括：

奇点大学，是由谷歌、美国国家航空航天局以及若干科技界专家联合建立的一所新型大学，旨在应对“人类面临的重大挑战”。其研究领域为合成生物学、纳米技术和人工智能等，是一所致力于培养未来科学家的学校。

湖畔大学，由柳传志、马云、冯仑、郭广昌、史玉柱、沈国军、钱颖一、蔡洪滨、邵晓锋九名企业家和著名学者共同发起和创办，坚持公益性和非营利性，旨在培养拥有新商业文明时代企业家精神的新一代企业家。

西湖大学，由原清华大学副校长施一公、南方科技大学校长陈十一、中国科学技术大学常务副校长潘建伟、北京大学理学部主任饶毅等发起和筹建，并得到龙湖集团吴亚军、腾讯控股马化腾、万达集团王健林等诸多民营企业家的捐助，是中国内地“第一所以基础性、前沿性研究为支点，以博士生培养为起点的民办高水平科研教学机构”。

创佰汇，由中关村一些优秀的企业家、两院院士（中国科学院院士和中国工程院院士的统称）联合硅谷的一些创新人物共同成立，定位于高新技术项目的孵化和落地，目的是汇聚科技创新人才，促进企业发展。创佰汇开创了协会与地方政府合作的先例。

罗汉堂，是在阿里巴巴的倡议下，由全球社会学、经济学、心理学等多领域的顶尖学者们共同发起和成立的全球性研究机构，成立的目的同样是探讨科技创新伴生的社会经济形势变化。

而今在中国，BAT、华为、中兴、海尔、格力、长电等创新型企业都成立了自己的创新机构。

在中国的创新发展道路上，政府一直都在发挥引领和示范的作用，不断推进技术转移和成果转化。像创佰汇、罗汉堂，刚一成立就小有成就，说明这一类创新型组织具有相当的魅力和价值。在未来，类似创佰汇、罗汉堂这样的民间组织将会不断涌现，无论是“居庙堂之高”还是“处江湖之远”，创新人人有责。政府创新机构将与民间创新组织，形成中国创新的“双引擎”。

这些机构不仅仅服务于企业本身，也推动着世界科技的进步。它们目光高远，像是凝视未来人类的第三只眼睛。

人类正处于一个创新的时代，创新的时代需要创新的人才，创新的人才需要创新的平台。现在涌现出来的各种创新型组织，将是创新人才成长和取得成就的新的沃土。如果说互联网点燃了那些善于创造、敢于创新的探索者的激情，那么创新型组织和平台就是推动人类发展的加速器；如果说创新者是用科技来改变生活，那么平台的搭建者就是用智慧去创造未来。

引用查尔斯·狄更斯的一句话：“这是一个最好的时代，也是一个最坏的时代。”敢于创新的人就有机会取得成就，不创新的人将被时代所淘汰。我有幸处在创新勃发的时代，并与我的团队联手打造了创佰汇前沿科技平台，用我们的智慧为更多的创业者和有梦想的人提供成长的舞台。我也期望有更多的有志之士能搭建出更好的、更有特点的平台，让新时代的创新者有更广阔的发展空间，去创造更美好的未来。

三十功名尘与土，八千里路云和月。莫等闲，创新业！

盖玉云

2018 年 8 月